국어도 풀고, 사회도 풀고, 과학도 풀고

들어가기 전에…

생각에 날개를 달자!

말레이시아의 한 저명한 국제 변호사는 말레이시아의 젊은 변호사들이 도무지 시키는 일 외에는 자발적으로 생각하고, 독창적으로 움직이고 결정하는 능력이 없다고 개탄했습니다. 갈수록 말레이시아에도 글로벌 기업들이 늘어나기 때문에 세계의 변호사들과 상대해야 하는데, 이런 수동적인 자세는 치명적이라는 것이죠.

우리나라도 말레이시아의 사정과 별로 다를 것이 없습니다. 자신이 공부하는 내용이 무엇을 의미하는지 고민하고 분석할 여유 없이, 그저 앞으로만 달렸던 아이들이 과연 자립적인 사고가 가능할까요?

아이들 속에 잠재되어 있는 수천, 수백 가지의 생각들이 어른들의 선입견과 고정관념으로 만들어진 교육의 틀 속에 갇혀 갑갑해 하고 있지는 않을까요?

지금의 아이들은 막대한 정보를 소유하고 능숙하게 다룰 줄 압니다. 그러나 그 정보의 옳고 그름을 생각하지 않고 그대로 받아들이고 베끼는 학습을 하는 아이들이 많습니다.

〈바깔로레아 교과 논술〉은 정보의 홍수 속에 빠져 자기 생각을 할 여유가 없는 아이들에게 옳고 그름을 판단하는 눈, 세상을 새롭게 바라보는 눈을 갖게 하고 스스로 자기 생각의 크기를 키우게 하고자 시작되었습니다. 아이들이 〈바깔로레아 교과 논술〉을 통해 자기만의 눈을 갖고 생각에 날개를 달 수 있게 최선을 다하겠습니다.

지은이 **서울대 국어교육학 박사 박학천**

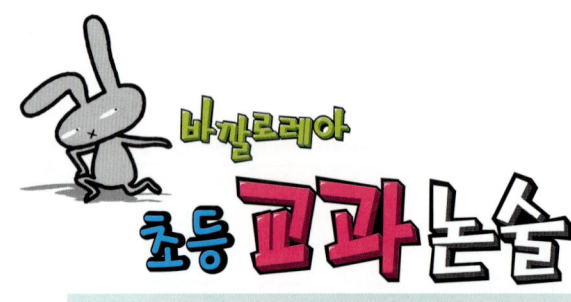
바칼로레아 초등 교과 논술

- 국어 사회 과학 + 독서 논술 토론 통합프로그램입니다.
- 쉽고 부담 없는 자료를 편하게 따라만 가면 저절로 사고력, 독해력, 이해력이 자라는 검증된 프로그램입니다.

단원별 학습 목표 및 구성

week 01 발상사고혁명

실질적인 〈발상·사고〉 훈련
- 고정관념을 깨고, 개성적인 사고를 기릅니다.
- 스스로 질문하고 비판하는 시각과 자세를 기릅니다.

week 02 교과서 논술 01

〈국어 능력〉 심화 학습
- 국어 교과서 선행 학습으로 단원의 핵심을 이해합니다.
- 수행평가, 서술형 논술형 문항으로 국어과 학습 능력을 키웁니다.
  ※ 교과서 활용 : 『듣기·말하기』/『읽기』

week 03 독서 클리닉

실질적인 〈읽기 능력〉 향상 훈련
- 억지로 읽기보다는 읽는 맛과 재미를 알려 줍니다.
- 비판적 읽기, 개성적 읽기로 글을 보는 안목을 키웁니다.

week 04 교과서 논술 02

〈국어 능력〉 심화 학습
- 국어 교과서 선행 학습으로 단원의 핵심을 이해합니다.
- 수행평가, 서술형 논술형 문항으로 국어과 학습 능력을 키웁니다.
  ※ 교과서 활용 : 『듣기·말하기』/『읽기』

거북이 정도는 문제 없어!

week 05
영재 클리닉 01

사회 교과서를 활용한 영재 심화 학습
- 통합 교과 시대를 대비, 사회과 학습 테마를 논술로 연결시켜 쉽고 재미있게 초중고 학습 과정의 주요 주제와 쟁점을 알려 줍니다.

※ 교과서 활용 : 『사회』

week 06
교과서 논술 03

〈국어 능력〉 심화 학습
- 국어 교과서 선행 학습으로 단원의 핵심을 이해합니다.
- 수행평가, 서술형 논술형 문항으로 국어과 학습 능력을 키웁니다.

※ 교과서 활용 : 『듣기·말하기』 / 『읽기』

week 07
영재 클리닉 02

과학 교과서를 활용한 영재 심화 학습
- 통합 교과 시대를 대비, 과학과 학습 테마를 논술로 연결시켜 쉽고 재미있게 초중고 학습 과정의 주요 주제와 쟁점을 알려 줍니다.

※ 교과서 활용 : 『과학』

week 08
논술 클리닉

『쓰기』 교과서를 활용한 논술 훈련!
- 쓰기 교과서로 쓰기 학습 능력을 키운 후, 생활문에서 본격 논술까지 자신 있게 자신의 견해를 글로 표현하도록 유도합니다.

※ 교과서 활용 : 『쓰기』

차례

발상사고혁명	소년이여, 야망을 가져라!	05
교과서 논술 01	주제를 찾아라	13
독서 클리닉	곤충들의 친구, 파브르	23
교과서 논술 02	어떻게 줄일까?	33
영재 클리닉 01	살 것이냐 말 것이냐	43
교과서 논술 03	의견을 나누어요	53
영재 클리닉 02	이야기가 숨어 있는 화석	63
논술 클리닉	세상은 마음먹기에 달렸다	71
신통방통 서술형 논술형	국어 술술 사회 술술 과학 술술	81

책 속의 책 | GUIDE & 가능한 답변들

발상의 사고혁명

소년이여, 야망을 가져라!

오빠! 달려!

그들은 코트의 작은 거인입니다.
노력하는 자들의 꿈은 이루어집니다.

적극적인 사고를 하자

01 어려운 일과 불가능한 일

　성경에는 다윗과 골리앗의 싸움이 나온다. 꼬마 소년 다윗이 거인 골리앗을 물리칠 것으로 예상한 사람은 아무도 없었다.
　다윗의 무기는 고작 돌팔매였다. 사람들은 다윗에게 충고했다.
　"골리앗은 너무 크고 강해. 넌 그를 이길 수 없어."
　다윗의 생각은 달랐다.
　'그는 몸집이 너무 커서 돌팔매가 빗나갈 수 없어.'
　다윗은 골리앗의 큰 체구가 오히려 돌팔매에 맞을 가능성이 높다고 믿었다. 과연 다윗의 돌팔매는 골리앗의 머리에 명중했다.
　성공한 사람들의 공통점은 어떤 상황에서도 결코 포기하지 않는다는 점이다. 오히려 천재나 재주가 많은 사람들이 성공하지 못한 경우가 의외로 많다. 집념과 용기를 가진 사람은 반드시 성공한다. 불가능한 일이란 없다. 다만 하기에 어려운 일이 있을 뿐이다.

1 다윗이 골리앗을 이길 수 있었던 까닭은 무엇입니까?

2 해 보지도 않고 포기한 일이 있었다면 어떤 일이었는지 말해 보시오.

02 왜 절망해야 하지요?

한 남자의 차 앞으로 야구공 하나가 날아왔습니다. 그 남자는 갑작스럽게 날아온 야구공 때문에 깜짝 놀라 급정지를 해야 했습니다. 곧이어 아이 하나가 달려왔습니다.

그 아이는 그 남자의 차 앞에 떨어져 있는 야구공을 얼른 집어들고 꾸벅 고개를 숙이며 미안한 듯 말했습니다.

"아저씨, 놀라셨죠? 죄송합니다. 상대방 선수가 또 홈런을 쳤거든요."

그 남자는 빙그레 웃으며 괜찮다고 말했습니다. 그런데 이 아이의 태도가 참 특이했습니다. 분명히 상대방이 홈런을 쳤다고 말하면서도 아이는 연신 싱글벙글 웃는 것이었습니다. 궁금해진 그 남자는 아이에게 살짝 물었습니다.

"너희 팀이 홈런을 맞았는데도 하나도 서운하지 않니?"

"서운하다니요? 원래 그 아이는 홈런을 잘 치는데요, 뭘."

아이는 아무렇지도 않다는 듯이 말했습니다.

"그건 너희 팀 투수가 공을 잘못 던진다는 얘기가 아니니?"

"글쎄요, 그렇지만 그 친구는 최선을 다해서 던지는걸요!"

그 남자는 아이의 대답에 할 말을 잃었습니다. 말꼬리를 슬쩍 돌려 다시 물었습니다.

"지금 점수가 어떻게 되니?"

"우리가 12:0으로 지고 있어요."

"그래? 그런데 넌 그다지 절망적이지 않아 보이는구나."

"절망이라구요? 왜 우리가 절망해야 되지요? 우린 아직 한 번도 공격을 하지 않았는걸요!"

1 아이가 큰 점수 차에도 불구하고 절망적이지 않다고 말하는 까닭은 무엇이겠습니까?

적극적인 사고를 하자

2 내가 만약 아이와 같은 입장이라면 어떤 기분이겠습니까?

_____
_____

3 아이의 태도에 대한 '나'의 생각을 쓰시오.

_____
_____

4 어려운 상황에서 절망적으로 생각했을 때와 그렇지 않을 때, 상황을 헤쳐나가는 태도가 어떻게 다른지 생각해 보시오.

_____
_____

5 자기가 바라는 것을 실현하기 위해서는 어떤 것들이 필요한지 쓰시오.

_____
_____

03 열등생에 머물 뻔한 아인슈타인

천재 과학자 아인슈타인은 어릴 때 공부를 잘 하지 못했습니다. 그가 좋아하는 수학 과목을 제외하고 모든 과목에서 낙제 점수를 받았으니까요.

실망한 담임 선생님은 가정 통신란에 이렇게 적어서 보냈습니다.

"이 학생을 가르친다는 것은 시간 낭비일 뿐입니다. 공부로는 희망이 없으니 아예 다른 방향으로 진로를 정하는 것이 좋을 듯합니다."

그러나 아인슈타인의 어머니는 오히려 아들을 격려했습니다.

"넌 다른 아이들과 다른 점이 있어. 다른 아이들과 같지 않기 때문에 틀림없이 비범한 인물이 될 거야."

어머니의 말에 용기를 얻은 아인슈타인은 자신이 좋아하는 과목을 집중적으로 공부했습니다. 그리하여 마침내 세기의 과학 이론으로 평가되는 상대성 원리를 발견했습니다.

1 아인슈타인의 담임 선생님의 태도에 대한 여러분의 생각을 쓰시오.

2 아인슈타인이 훌륭한 과학자가 될 수 있었던 이유는 무엇이라고 생각합니까?

3 힘들 때, 내게 용기와 힘을 주었던 사람은 누구이며, 어떤 충고를 해 주었는지 쓰시오.

04 백만장자들의 생활 원칙!

미국의 '톰스 스덴'은 그의 책 '백만장자의 정신'에서 백만장자 1300명을 대상으로 연구 조사한 백만장자의 공통점을 발표했습니다.

첫째, 백만장자가 된 사람들은 꿈이 있었습니다. 즉 그들은 내일을 어떻게 만들 것인가에 대한 비전이 있었습니다.

둘째, 그들은 기본기에 충실한 삶을 살았습니다. 그들에게는 어떤 특별한 비결이 있었던 것이 아니라 누구나 다 알고 있는 것을 바탕으로 성실하게 꿈을 이루어 나갔던 것입니다.

1 기본기에 충실하다는 말의 뜻은 무엇입니까?

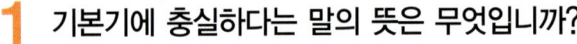

2 백만장자들의 공통점은 무엇입니까?

3 여러분은 어떤 꿈이 있으며, 그것을 이루기 위해 어떤 노력을 하고 있는지 쓰시오.

그건 짐이 아니라 날개야!

하느님께서 여러 동물들을 만들었습니다. 하루는 새가 하느님께 찾아왔습니다.

"하느님, 불공평합니다. 뱀은 독이 있고, 사자는 이빨이 있고, 말에게는 말굽이 있어서 위험에 빠졌을 때 자신을 지킬 수 있는데, 우리 새들은 아무것도 없어 당하기만 합니다. 우리에게도 뭔가 자신을 지킬 수 있는 것을 주십시오."

하느님은 일리가 있다고 생각하고 새의 손을 날개로 만들어 주었습니다. 얼마 후에 다시 새가 찾아왔습니다.

"하느님. 하느님께서 새로 만들어 주신 날개 때문에 너무 무거워서 전처럼 빨리 달릴 수도 없고, 손으로 하던 일도 입으로 해야 하기 때문에 더욱 불편해졌습니다."

그러자 하느님께서 호통을 치며 말씀하셨습니다.

"이 어리석은 새야! 너에게 준 날개는 지고 다니라는 무거운 짐이 아니라 하늘을 높이 날아올라 적으로부터 피하라고 준 것이다."

1 새가 하느님께 혼이 난 까닭은 무엇입니까?

2 새의 태도에 대한 '나'의 생각을 쓰시오.

난 소중하니까!

※ **다음 글을 읽고, 물음에 답하시오.**

어느 대학교수가 강의 도중에 갑자기 10만 원짜리 수표를 꺼내 들었답니다.

"이거 가질 사람 손들어 보세요."

모든 사람이 손을 들었지요. 그걸 본 교수는 갑자기 10만 원짜리 수표를 주먹에 꽉 쥐어서 꾸기더니 다시 물었습니다.

"이거 가질 사람 손들어 보세요."

그랬더니 이번에도 모든 사람이 손을 들었습니다.

교수는 또 그걸 다시 바닥에 내팽개치고 발로 밟았습니다. 수표는 꾸겨지고 신발 자국이 묻어서 더러워졌습니다. 교수가 또 다시 물었습니다.

"이거 가질 사람?"

학생들은 당연히 손들었겠지요. 그걸 본 교수가 학생들에게 말했답니다.

"여러분들은 구겨지고 더러워진 10만 원짜리 수표일지라도 그 가치는 변하지 않는다는 것을 잘 알고 있는 것 같군요. '나'라는 것의 가치도 마찬가지입니다. 꾸겨지고 더러워진 '나'일지라도 그것의 가치는 전과 다르지 않게 소중한 것이랍니다. 실패하고, 사회의 바닥으로 내팽개쳐진다 할지라도 좌절하지 마십시오. 여러분의 가치는 어느 무엇보다 소중한 것이니까요."

1 '나'는 어떤 소중한 가치를 가진 사람인지 쓰시오.

_____

_____

교과서 논술 01

주제를 찾아라

『듣기·말하기·쓰기』·『읽기』_ 1. 감동이 머무는 곳

내 주제는 뭐지?

01 주제란 무엇인가

듣기 | 말하기 | 교과서 6~7쪽 | 학습 목표 : 이야기의 주제에 대하여 알 수 있다.

꿈을 심는 노인

옛날에 한 젊은이가 고을 원님으로 가게 되었어요. 젊은이는 그동안 보살펴 준 재상을 찾아가 인사를 하였지요.

"대감마님, 기대에 어긋나지 않는 관리가 되겠습니다."

"백성을 사랑하고 희망을 주는 원님이 되시게나. 나는 너무 늙어서 그렇게 할 수 없네만……."

"네, 그런데 지금 무엇을 하고 계십니까?"

"배나무를 심지."

"언제 따 잡수시려고……."

"내가 못 먹으면 자식이나 이웃들이 먹겠지."

그로부터 십 년이 흘렀어요. 고을 원님으로 나갔던 젊은이는 승진하여 감사로 나가게 되었지요. 그래서 신임 감사는 재상께 인사를 드리러 갔어요. 재상은 그를 반겨 맞았어요. 그리고 배를 그릇에 가득 담아서 내놓았지요.

"배 맛이 참 좋습니다. 이렇게 맛있는 배를 어디에서 구하셨습니까?"

"자네도 기억할 게야. 십 년 전에 자네가 우리 집에 찾아왔을 때 내가 심었던 그 배나무에서 딴 것이라네."

"십 년 전에 심으신 그 작은 나무에서 딴 배라고요?"

"일 년을 보고 농사를 짓고, 십 년을 보고 나무를 심고, 백 년을 보고 인재를 기른다고 하지 않던가?"

신임 감사는 재상의 말을 듣고 크게 깨달았어요.

1 재상은 어떤 생각으로 배나무를 심었는지 쓰시오.

2 이 글에서 주제를 담고 있는 문장을 찾아 쓰시오.

앞을 못 보는 사람의 등불

※ 다음 글을 읽고, 물음에 답하시오.

어두운 길을 더듬거리며 걸어가던 한 사람이 맞은편에서 등불을 들고 오는 사람을 만났다. 등불이 가까이 다가오자, 그 사람은 등불을 든 사람이 앞을 못 보는 사람임을 알게 됐다. 그 사람은 앞을 못 보는 사람에게 물었다.

"당신은 앞이 보이지 않는 것 같은데, 등불이 무슨 소용이 있습니까?"

그러자 앞을 못 보는 사람이 대답했다.

"저는 등불이 있어도 보지를 못합니다. 그러나 당신처럼 앞을 볼 수 있는 사람이 이 등불을 본다면 어두운 길에서 저와 부딪치지는 않겠지요."

1 앞을 못 보는 사람이 등불을 든 까닭은 무엇입니까?

_____

2 이 글의 글쓴이가 생각하는 바람직한 삶의 자세에 대하여 바르게 말한 사람은 누구입니까? ( )

① 홍준 : 꿈을 갖고 노력하는 것이 중요하다.
② 지연 : 마지막에는 선한 사람이 꼭 승리한다.
③ 병재 : 다른 사람을 배려하는 마음이 필요하다.
④ 해준 : 미래를 대비해 오늘을 열심히 살아야 한다.
⑤ 정은 : 부모님께 효도를 하는 사람이 훌륭한 사람이다.

02 분위기 살려 시 읽기

읽기 | 교과서 7~8쪽 | 학습 목표 : 분위기를 살려 시를 읽을 수 있다.

걱정 마

🌱 글의 특징 시
🌱 중심 생각 피부색이 다르고 말이 달라도 함께 어울려 살 수 있다.

눈이 크고 얼굴이 까만
나영이 엄마는
필리핀 사람이고,

알림장 못 읽는
준희 엄마는
베트남에서 왔고,
김치 못 먹어 쩔쩔매는
영호 아저씨 각시는
몽골에서 시집와

길에서 마주쳐도
시장에서 만나도
말이 안 통해
그냥 웃고만 지나간다.

이러다가 우리 동네 사람들 속에
어울리지 못하면 어쩌나?

그래도 할머닌
걱정 말래.

㉠아까시나무도
달맞이꽃도
개망초도
다 다른 먼 곳에서
왔지만
해마다 어울려 꽃
피운다고.

1 시를 읽고 분위기를 파악하는 방법으로 알맞지 않은 것은 무엇입니까? ( )

① 시에 나온 글감을 파악한다.
② 시를 읽고 장면을 떠올려 본다.
③ 시를 읽고 느껴지는 기분을 생각한다.
④ 시를 읽는 사람의 목소리와 얼굴을 생각한다.
⑤ 시에 표현된 장소나 시간 같은 배경을 생각한다.

2 이 시의 중심 글감은 무엇인지 쓰시오.

3 ㉠의 의미는 무엇입니까? ( )

① 꽃은 아름답다.
② 꽃들도 힘들게 살아간다.
③ 해마다 외국에서 꽃을 가져온다.
④ 꽃을 정성껏 가꾸어 주어야 한다.
⑤ 꽃들이 어울려 피듯이 잘 어울려 살 수 있다.

1 이 공익 광고에서 하고자 하는 말은 무엇인지 쓰시오.

_____

_____

03 이야기는 무엇으로 이루어져 있나

읽기 | 교과서 10~23쪽 | 학습 목표 : 이야기의 구성 요소에 대하여 알 수 있다.

고양이야, 미안해

● 글의 종류 창작 동화
● 글의 특징 새끼 고양이를 도와주고 싶었지만 그러지 못해 가슴 아픈 경험을 담은 이야기이다.

1 토요일 오후, 집으로 돌아오는 길모퉁이에서였습니다. 어디에서인가 야릇한 소리가 났습니다. 가냘프지만 무척 다급한 소리였습니다.
  '야!'
  무심코 주변을 둘러보던 나는 깜짝 놀랐습니다. 내가 서 있는 곳에서 불과 이삼 미터 정도 떨어진 곳에 까만 고양이 한 마리가 엎드려 있는 것이 눈에 띄었습니다.
  "애앵, 애앵, 애애앵."
  고양이는 계속해서 울부짖었습니다. 그것은 소리가 아니라 거의 비명처럼 들렸습니다. 나도 모르게 가까이 다가갔습니다. 허리를 굽히고 들여다보니 몸집이 작은 새끼 고양이였습니다. 어디인가 많이 아픈 것 같았습니다. 꼬리 근처에는 똥도 한 무더기 싸 놓았습니다. 더러워서 나도 모르게 얼굴을 찌푸렸습니다. 고양이는 끊임없이 "애앵, 애앵." 하고 울었습니다. 왠지 살려 달라는 소리처럼 들렸습니다.

2 '배가 고파서 그러나?
  그냥 두고 떠나기에는 고양이가 무척 애처롭게 보였습니다. 문득 학교에서 받은 우유가 생각났습니다. 나는 가방 안에서 우유를 꺼내 고양이 앞에 살살 부어 주었습니다.
  그러나 고양이는 꼼짝도 않고 계속 비명만 질렀습니다.
  "아야, 아야, 아야."
  내 귀에는 그렇게 들렸습니다.
  어떻게 하지?
  사실 나는 애완동물을 길러 본 적이 없습니다. 왠지 징그러운 느낌이 들어서였습니다.
  미나가 자기 강아지를 안고 있다가 "은선아, 한번 안아 봐." 하고 내게 건네주면, 마지못해 잠깐 안았다가 얼른 미나에게 돌려주기 일쑤였습니다.

1 이 이야기가 일어난 시간적 배경은 어느 것입니까?　　　　　(　　)

① 일요일 아침　　② 월요일 오후　　③ 일요일 저녁
④ 토요일 오후　　⑤ 토요일 오전 열 시

2 글 **1**과 **2**의 중심 사건은 무엇입니까?　　　　　(　　)

① 고양이가 울부짖었다.
② 고양이에게 우유를 주었다.
③ '나'는 아픈 새끼 고양이를 만났다.
④ 고양이의 꼬리에 똥이 묻어 있었다.
⑤ 고양이의 비명 소리가 귓가에 들렸다.

3 이 글에 등장하는 '나'에 대한 설명으로 알맞은 것은 무엇입니까?　　　　　(　　)

① 동정심이 없다.
② 용감하고 적극적이다.
③ 부지런하고 똑똑하다.
④ 애완동물을 많이 길러 보았다.
⑤ 애완동물을 길러 본 적이 없다.

4 이 이야기의 배경, 인물, 사건을 파악하여 글 **1**, **2**를 간추려 써 보시오.

_____

_____

03 이야기는 무엇으로 이루어져 있나

3 지나가던 어떤 언니가 발길을 멈추었습니다.

"어머나, 이를 어째? 쯧쯧."

언니는 새끼 고양이 머리를 안쓰러운 듯 한두 번 쓰다듬더니, 나를 보고 어깨를 으쓱하였습니다. 그리고 발걸음을 재촉하며 떠나갔습니다.

그다음에는 고등학생 오빠들이었습니다.

"야, 야, 고양이가 죽어 가잖아. 네 고양이냐?"

㉠<u>나는 고개를 저었습니다.</u> 토요일 오후의 햇살이 눈을 찔러 눈살을 찌푸리면서 말입니다.

"안됐다. 가자."

고등학생 오빠들은 불쌍한 듯 바라보다가 가 버렸습니다. 그때까지도 새끼 고양이는 계속해서 울어 대었습니다. 한 아주머니께서 다가오셨습니다.

"저런, 새끼 고양이네. 차에 치였나? 가엾어라."

아주머니께서는 고양이 옆에 쪼그리고 앉아 있는 나를 바라보셨습니다.

"우리 고양이 아니에요."

나는 얼른 고개를 저었습니다.

"어쩌지?"

아주머니께서도 혀를 끌끌 차더니 떠나 버리셨습니다. 그러는 동안 수많은 사람이 지나갔지만, 고양이 울음소리에 귀를 기울이는 사람은 아무도 없었습니다.

4 하얀 가운을 입으신 동물 병원 의사 선생님께서 미소를 띠며 나를 맞으셨습니다.

"저기요?"

나는 새끼 고양이 한 마리가 길에서 죽어 가고 있다고 말씀 드렸습니다. 많이 아파서 움직일 수조차 없다고 하였습니다.

"음, 그러니? 그럼 고양이를 이리로 데려와야지. 그래야 치료할 수 있지."

"네?"

순간, 나는 말문이 턱 막혔습니다. 새끼 고양이를, 어쩌면 열이 펄펄 날지도 모르는 고양이를, 또 꼬리에 똥이 묻은 고양이를 안아서 데려와야 한다니요? 그것은 ㉡<u>불가능한 일</u>이었습니다.

5 ㉠과 같은 몸짓에 담긴 의미로 알맞은 것은 무엇입니까? ( )

① 도와 달라.
② 정말 잘됐다.
③ 고양이를 좋아한다.
④ 내 고양이가 아니다.
⑤ 고양이를 살려 달라.

6 글 3과 4에서 벌어진 일이 <u>아닌</u> 것은 어느 것입니까? ( )

① 새끼 고양이가 차에 치었다.
② 아주머니는 혀를 차더니 떠나 버리셨다.
③ '나'는 동물 병원 의사 선생님을 만났다.
④ 지나가던 언니가 새끼 고양이를 쓰다듬었다.
⑤ 고등학생 오빠들은 고양이를 바라보다 가 버렸다.

7 글 3~4로 사건이 진행되면서 일이 일어난 장소는 어떻게 바뀌었는지 쓰시오.

( ) → ( )

8 ㉡ '불가능한 일'은 무엇을 의미하는지 쓰시오.

03 이야기는 무엇으로 이루어져 있나

5 저녁때였습니다. 밥맛이 없어 몇 숟가락 뜨다가 말았습니다. 어머니께서는 "밥보가 웬일이야?" 하며 웃으셨습니다. 식사를 마치고 나자, 언니가 내게 눈짓을 보냈습니다.

"고양이가 있는 곳이 어디야?"

언니는 검정 비닐봉지와 꽃삽을 들고 나를 재촉하였습니다.

"정말 언니가 같이 갈 거야?"

"밥도 안 먹고 그러는 너를 보니 아무래도 용감한 이 언니가 도와주어야겠어. 고양이가 살았다면 병원에 데려다 주고, 죽었다면 땅에 묻어 주자."

나는 그때처럼 언니가 고마운 적이 없었습니다.

"㉠<u>요 맹꽁이야</u>, 그렇게 마음이 아프면 용기를 내야지. 너 같은 사람을 뭐라고 그러는지 알아? ㉡<u>죽은 휴머니스트</u>라고 그러는 거야."

언니는 핀잔을 주듯 나에게 눈을 흘겼습니다. 나는 언니의 말뜻을 어렴풋이 알 것 같았습니다. 행동은 안 하고, 동정만 하는 사람! 뭐 그런 뜻일 것이라고 생각하였습니다.

9 언니가 '나'를 ㉠처럼 부른 까닭은 무엇입니까? ( )

① 게으르기 때문에
② 멍청하기 때문에
③ 성격이 급하기 때문에
④ 노는 것만 좋아하기 때문에
⑤ 마음만 아파하고 용기를 내지 못하기 때문에

10 이 글에 나타난 언니의 성격은 어떠한지 쓰시오.

_____

11 '나'가 생각한 ㉡'죽은 휴머니스트'의 뜻은 무엇인지 쓰시오.

_____

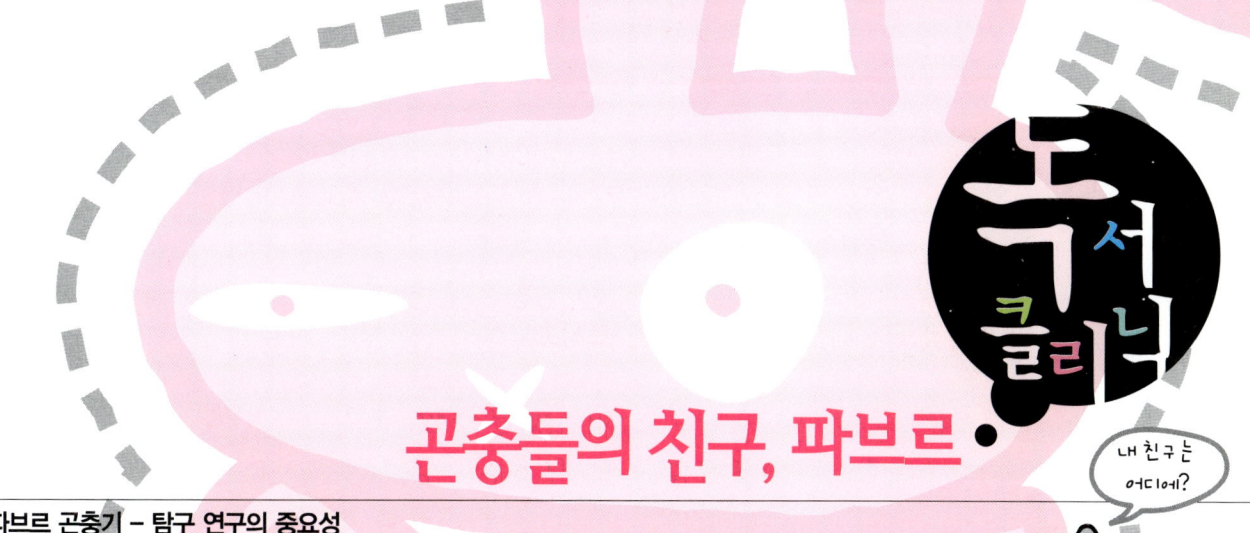

곤충들의 친구, 파브르

파브르 곤충기 - 탐구 연구의 중요성

내 친구는 어디에?

파브르는 아비뇽의 상 레옹에 있는 가난한 집 맏아들로 태어났다.
10권으로 된 《파브르 곤충기》의 마지막 책이 1907년에 나왔고, 1915년 92세의 고령으로 조용히 일생을 마쳤다.

곤충들의 친구, 파브르

01 파브르의 어린 시절

어느 여름날이었습니다.

앙리는 저녁을 먹고 난 후 마당 한가운데에 돗자리를 펴고 누워 있었습니다. 밤하늘에 별들이 총총히 떠 있었습니다. 앙리는 별을 세기 시작했습니다.

그때 어디선가 이상한 풀벌레 소리가 들려왔습니다. 앙리는 귀를 쫑긋 세우고 그 소리에 귀를 기울였습니다.

"찌르륵, 찌르르륵……."

'무슨 벌레가 이토록 아름다운 소리를 내는 것일까?'

앙리는 소리가 나는 방향을 따라 발소리가 나지 않게 살금살금 다가갔습니다. 앙리가 풀밭 가까이 가자, 풀벌레 소리가 갑자기 그쳤습니다. 잠시 기다리자 다시 소리가 들렸습니다. 그 소리는 앙리의 근처에서 들리는 것이 분명했는데 앙리가 조금만 움직여도 소리는 뚝 그치곤 했습니다. 앙리는 더 이상 찾을 수가 없었습니다.

'절대 포기하지 않을 거야. 내일 다시 와서 꼭 잡고 말 테다.'

다음날 저녁에도 앙리는 소리의 주인공을 잡을 수 없었습니다. 사흘째 되는 날 밤, 앙리는 또다시 풀밭으로 갔습니다.

그날따라 환한 달빛 아래 풀벌레 소리가 아주 또렷하게 들려왔습니다. 앙리는 숨소리를 죽이고 소리가 나는 곳을 향해 살금살금 발걸음을 옮겼습니다.

'아, 저기 있다!'

달빛이 비치는 풀잎 위에 조그만 벌레가 보였습니다. 앙리는 살그머니 손을 뻗었습니다. 그리고는 재빨리 벌레를 덮쳤습니다.

앙리는 벌레를 자세히 살펴보았습니다. 벌레는 작은 메뚜기처럼 생겼고, 머리 양쪽에는 두 개의 더듬이가 있었으며, 몸빛은 녹색이고, 앞날개는 갈색 바탕에 암갈색 무늬가 있었으며, 뒷날개는 노란색이고, 날개는 투명한 물질로 되어 있었습니다.

곤충에 대한 앙리의 깊은 관심은 이때부터 싹트기 시작했습니다.

1 사흘을 기다려 결국 벌레를 잡은 앙리는 어떤 성격을 가졌다고 생각됩니까?

2 앙리와 같이 무엇을 오랫동안 관찰하거나 관심을 가졌던 경험이 있다면 친구들과 얘기해 보시오.

3 내가 관심을 갖고 있고, 좋아하는 것은 무엇이 있는지 생각해 보고, 그와 관련된 직업에는 어떤 것들이 있는지 쓰시오.

02 당신은 진정한 과학자

"이들 곤충들은 모두 자신을 지키기 위한 독침을 지니고 있지. 작고 단단하고 아주 뾰족한 무기야. 이 침은 그 곤충의 배 밑에 있지. 평소에는 잘 보이지 않아. 뱃속에 숨겨져 있기 때문이야. 자신을 지킬 때면 곤충은 침을 드러내고, 자기를 위협하는 무례한 손가락을 찌르는 거야. 바늘에 찔리는 것만으로는 아무렇지도 않아. 하지만 이 작은 상처에 꿀벌이나 말벌의 독이 들어가면 굉장히 아프지. 학자들은 꿀벌의 독을 바늘 끝에 적셔서 바늘로 자기를 찔렀지. 그랬더니 심한 통증이 오래 계속되는 거야. 곤충에 직접 쏘였을 때보다 훨씬 심하게 말이야. 그건 곤충의 가느다란 침보다 비교적 큰 바늘로 더 많은 독을 상처에 넣었기 때문이야. 이제 알겠지? 상처에 독이 들어가는 것이 모든 고통의 원인이라는 것을 말이야."

"하지만 아저씨, 학자들은 어째서 꿀벌의 독이 묻은 바늘로 자기 몸을 찌를까요? 쓸데없이 자기 몸에 상처를 내다니 정말 이상한 취미예요."

"쓸데없다고? 내가 지금 너에게 이런 이야기를 해 줄 수 있는 것은 다른 사람이 나에게 가르쳐 주었기 때문이야. 다른 사람이란 누구지? 그들은 용감한 연구자들이지. 그들은 온갖 것을 배우거나 관찰하거나 연구하거나 해서 우리의 고통을 덜어 주려고 하는 거야. 그들이 자신을 독바늘로 찌르는 것은 자기의 목숨을 걸고 독의 작용을 연구해서, 그것과 싸우는 방법을 우리에게 알려 주려는 거야. 때로는 그 효력이 대단히 무서운 경우도 있지. 살모사나 전갈의 경우는 생명이 위태로울 수도 있어. 하지만 그들이 중요하게 생각하는 것은 독이 어떻게 작용하는가, 그 해독은 어떻게 하는가 등의 일을 정확하게 아는 일이지. 그래서 학자들의 연구가 존중되는 거야. 과학은 지식의 범위를 넓혀서 인간의 고통을 줄일 수 있는 실험으로부터는 어떤 경우라도 물러서지 않는 신성한 정열을 가지고 있단다."

1 독침을 가지고 있는 곤충들은 그 독침을 무엇을 위해 사용한다고 했습니까?

2 독을 가지고 있는 독충의 종류를 아는 대로 쓰시오.

지네   멕시코 붉은다리거미   타란툴라   식초전갈

---

3 독의 작용을 연구하는 학자들을 보고, 진정한 학자가 지녀야 할 자세에 대해 간단하게 쓰시오.

잠깐! 파브르 곤충기

〈곤충기〉는 어렸을 때부터 곤충에 흥미를 가지고 평생을 곤충의 생태에 대해 연구한 곤충학자 파브르가 56세부터 쓰기 시작하여 29년간에 걸쳐 집필한 10권의 저서입니다.

03 넌, 내 손 안에 있다

독거미의 살림집은 30cm쯤 되는 깊은 구멍 속에 있습니다. 구멍은 땅 표면에서 수직으로 내려가다가 갈고리 모양으로 구부러집니다. 구멍의 지름은 3cm쯤 되고, 출입구에는 울타리가 쳐져 있습니다. 울타리에는 여러 가지 나뭇잎이나 지푸라기, 그리고 조그만 돌 따위가 섞여 있습니다.

나는 거미를 구멍으로 꾀어내려고 이탈리아 사람이 가르쳐 준 대로 꿀벌 흉내를 내보았습니다. 구멍에다 대고 꿀벌의 날갯짓 소리를 내는 것입니다. 놀랍게도 거미는 그 소리를 듣고 바깥쪽으로 조금 기어 나왔습니다. 그러다가 속은 것을 알고 도로 기어들어갔습니다.

이럴 때는 특별한 방법이 필요합니다. 독거미가 꼭 깨물 수 있도록 부드러운 이삭이 달린 풀을 구멍 깊숙이 밀어 넣는 것입니다. 이삭을 이리저리 흔들자, 독거미는 화가 났는지 꽉 물었습니다. 이삭을 살며시 당겨 보았습니다. 독거미는 놓치지 않겠다는 듯이 버티었습니다. 슬슬 이삭을 당겼습니다. 독거미가 구멍 입구까지 따라 올라왔을 때, 나는 거미가 내 모습을 발견하지 못하도록 비켜섰습니다. 내 모습을 보면 구멍 속으로 도망칠 것이 분명했습니다. 이렇게 해서 독거미를 출입구까지 끌어올렸습니다. 바로 이 순간이 거미를 낚는 과정 중에서 제일 중요합니다.

나는 독거미가 땅 위에 나타날까 말까 한 순간에 이삭을 확 잡아당겼습니다. 갑작스러운 이 동작에 독거미는 미처 이삭에서 입을 떼지 못한 채 그냥 딸려 나와 땅바닥에 나가 떨어졌습니다. 끌려나온 독거미는 겁을 먹고 달아날 생각도 하지 못했습니다. 이놈을 꼬챙이로 종이봉투에 몰아넣는 것은 어렵지 않게 할 수 있었습니다.

또 한 가지 방법이 있습니다. 여러 마리의 뒹벌을 잡아서 그 중 한 마리를 주둥이가 넓은 유리병 속에 넣고, 유리병을 독거미의 구멍에 덮어 씌웁니다. 억센 뒹벌은 유리병 속을 붕붕 날아다니다가, 구멍을 발견하고 그 속으로 들어갑니다. 제 발로 저승길을 찾아간 셈입니다.

잠시 조용한 전투가 벌어집니다. 뒹벌의 날개 소리가 요란합니다. 그러나 곧 조용해집니다. 유리병을 치우고 길쭉한 핀셋을 구멍 속으로 들이밀어 한 마리를 끄집어냅니다. 끌려나온 것은 주둥이를 길게 늘이고 죽어 있는 뒹벌입니다.

독거미는 잡아 놓은 먹이가 사라지자, 그것을 찾으려고 쏜살같이 구멍 밖으로 쫓아 나옵니다. 하지만 독거미가 다시 구멍 속으로 숨어 버릴 때도 있습니다. 그럴 경우에는 구멍 입구에 뒝벌의 시체를 놓아두어야 합니다. 조금 있으면 독거미는 주위를 살피며 살금살금 기어 나옵니다. 그리고 입구 옆에 있는 뒝벌의 시체를 끌고 가려고 합니다. 그 순간을 놓쳐서는 안 됩니다. 재빨리 입구를 막아야 합니다. 그리고 아까와 마찬가지로 꼬챙이로 독거미를 몰아서 종이봉투에 담습니다.

1 이 글은 무엇에 대해 쓴 것입니까?

_____

2 독거미가 사는 집은 어떻게 생겼습니까?

_____

_____

3 독거미를 집 밖으로 끌어내기 위해 이용하는 것은 무엇 무엇입니까?

_____

파브르의 《곤충기》를 읽고

우리는 곤충이라 하면 괜히 징그럽고 똑똑치 못한 그런 생물로 생각한다. 그리고 사람들에게 피해를 주는 '몹쓸 녀석들'이라고 말하는 사람들도 많다. 그래서 난 정말로 곤충들이 '몹쓸 녀석들'일까 하는 궁금증으로 《파브르 곤충기》라는 책을 읽게 되었다.

이 책은 상 레옹에서 가난한 농부의 아들로 태어난 장 앙리 파브르가 쓴 책이다. 파브르는 우연한 계기로 곤충을 연구하게 되었고, 1856년에 벌에 관한 연구 논문을 발표하여 곤충학자로서 첫발을 내딛게 되었다.

파브르는 이 연구로 프랑스 학사원의 실험 생리학상을 받았고, 1871년에 교직 생활을 그만두고 오로지 곤충 연구만 하였다. 《곤충기》는 파브르가 1878년에 제 1권으로 시작하여 1907년까지 29년이란 긴 세월 동안 발간한 책으로, 총 10권으로 이루어져 있다.

이 책을 읽으면서 다양한 곤충의 특성과 습관을 알 수 있었다. 내가 읽은 내용 중 가장 인상에 남는 것은 '거미 사냥의 명수 대모 벌'이라는 주제를 가진 내용이다. 배가 검은 거미는 독이 있는데 이 독은 무시무시하다. 그 독은 송곳니에서 나오며 큰 새나 쥐는 맞으면 모두 죽는다. 이런 독거미는 지표면에 구멍을 파고 그곳에서 산다. 독거미는 꾀가 많아서 먹이를 잡을 때에도 절대 나오지 않고 먹잇감이 자기에게로 가까이 다가왔을 때에만 순간적으로 나와 송곳니로 독을 주입한다. 독을 주입하는 곳은 급소이다.

이 부분을 읽고 독거미의 정확성과 꾀를 부리는 것에 대해서 감탄하였다. 하지만 그 완벽한 독거미의 기술이 통하지 않는 벌레가 있는데, 그것은 바로 '대모 벌'이다. 대모 벌은 독거미 가까이 가지 않는다. 계속해서 주위를 빙빙 돌다가 순간적으로 날아가 거미의 앞다리를 물고 끌어당긴다. 이때 거미가 마지못해 굴러 나오면 대모 벌은 "이때다" 하고 날아가서 독침을 거미의 가슴 속으로 "푹".

죽은 거미는 대모 벌의 애벌레 먹이가 된다. 이렇게 곤충 세계도 강자가 약자를 지배하는 세상이 있다. 그러나 이렇게 먹고 먹히는 관계가 있기에 지구에 존재하는 모든 것들이 서로 비례를 맞추어 살 수 있는 것이다.

곤충은 우리 지구상에서는 없어서는 안 될 중요한 존재이다. 여러 동물들이 곤충을 잡아먹고 우리들은 그 동물의 고기를 먹으니까 곤충이 없으면 곤충을 먹는 동물들이 죽고, 동물들이 죽으면 우리 사람들도 죽기 때문이다.

　이 책을 다 읽고 곤충은 보기만 해도 징그럽다고 생각했던 내 자신이 부끄러웠다. 그리고 곤충도 해로운 곤충과 이로운 곤충이 있으며, 우리를 도와 주는 여러 가지 곤충이 있다는 것을 알게 되었다. 또 파브르가 연구를 하면서 얼마나 곤충을 사랑하였는지, 자연에 대한 사랑을 느낄 수 있었다.

　곤충기는 단지 곤충에 대한 연구를 서술한 책이라기보다는, 과학적 사실과 더불어 과학자로서 갖추어야 할 자질, 자연에 대한 사랑을 역설하고 있는 작품이다. 그리고 과학의 훌륭한 길잡이 역할을 하고 있다.

　책장을 덮으면서 이제부터라도 곤충들이 '몹쓸 녀석들'이 아니라, '쓸모 있는 녀석들'로 우리 곁에 인식되기를 바란다.

1 위 글은 4학년 어린이가 쓴 독서 감상문입니다. 글쓴이는 파브르의 곤충기를 읽고 나서 생각이 어떻게 바뀌었는지 정리하시오.

2 글쓴이가 '독거미'와 '대모 벌'을 보고 알게 된 것은 무엇인지 쓰시오.

탐구 보고서 쓰기

1 생활 주변의 여러 가지 의문점 중에서 각자의 흥미와 능력에 맞는 주제를 선택하여 스스로 탐구해 보고 탐구한 내용을 다음 순서에 맞게 정리·발표해 보시오.

> 가. 탐구 주제
> 나. 탐구하게 된 동기
> 다. 탐구를 통하여 알아보고 싶은 점
> 라. 탐구 실행 방법
> 마. 탐구 내용과 결과 정리
> 바. 탐구를 통하여 알게 된 점, 느낀 점

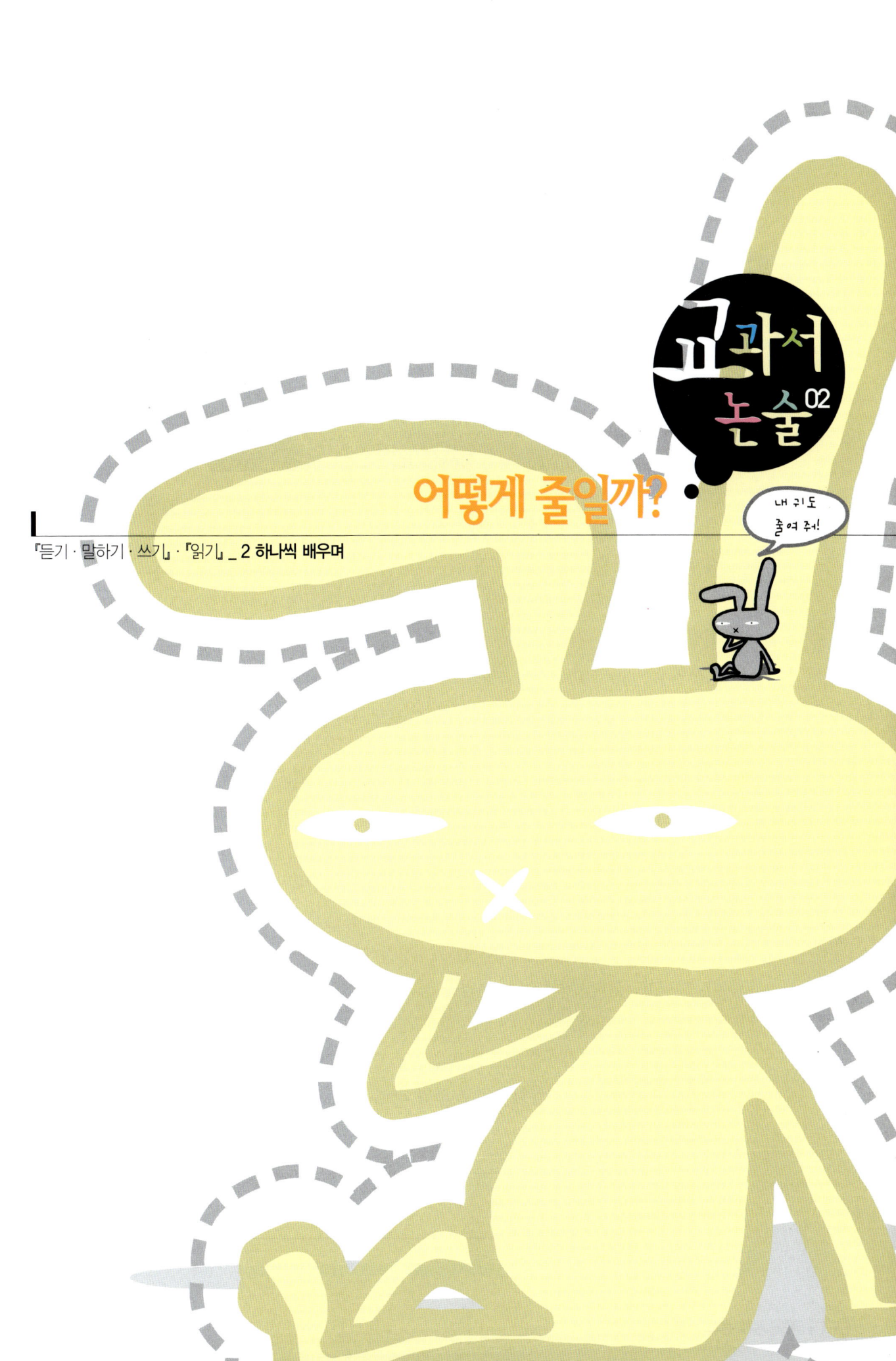

어떻게 줄일까?

『듣기·말하기·쓰기』·『읽기』_ 2 하나씩 배우며

교과서 논술 02

내 귀도 줄여 줘!

01 간추려 보아요

 듣기 말하기 쓰기　교과서 25~27쪽 | 학습 목표: 중요한 내용을 간추려 쓰는 방법을 알 수 있다.

루이 브라유

어린이 여러분, 앞을 보지 못하는 시각 장애인은 어떻게 글을 쓰고 책을 읽을까요? 오늘날 전세계에서 쓰이는 대부분의 점자는 루이 브라유가 만든 점자 알파벳의 원리를 따르고 있답니다. 그럼 루이 브라유가 어떻게 점자를 만들게 되었는지 알아봅시다.

루이 브라유는 1809년에 프랑스에서 태어났습니다. 그런데 세 살 때 아버지의 마구 작업실에서 송곳을 가지고 놀다가 왼쪽 눈이 찔리는 사고를 당하여 눈이 멀었습니다. 그리고 네 살 때는 오른쪽 눈마저 감염되어 영영 앞을 보지 못하게 되었습니다.

루이 브라유는 열 살 때 파리의 '왕립맹아학교'에 입학하였습니다. 그 당시 맹아학교에서는 돋을새김 글자를 가르쳤습니다. 그러나 돋을새김 글자는 알파벳 스물여섯 글자를 구별하기가 무척 어려웠습니다. 그러다가 육군 장교였던 바르비에 대위가 만든 ㉠'야간 문자'를 배우게 되었습니다. 야간 문자는 돋을새김된 열두 개의 점을 사용하여 단어를 소리 나는 대로 표시하는 글자입니다. 원래 이 문자는 어둠 속에서 병사들에게 명령을 전달하기 위하여 개발된 것으로 간단한 내용을 전달하는 데에는 편리하였습니다. 그러나 많은 단어를 쓰거나 읽을 수 없었습니다.

루이 브라유는 시각 장애인이 편리하게 읽을 수 있는 점자를 만들어야겠다고 생각하였습니다. 그래서 점으로 문자를 표시하는 편리한 방법을 궁리하기 시작하였습니다. 그리고 시간을 아껴 가며 편리한 점자를 만들기 위하여 온힘을 다하여 노력하였습니다. 삼 년 뒤에 루이 브라유는 여섯 개의 점만으로 알파벳 스물여섯 글자를 표현할 수 있는 새로운 점자를 만들어 냈습니다. 이때, 그의 나이 겨우 열다섯 살이었습니다. 마침내 시각 장애인들이 쉽게 사용할 수 있는 점자가 완성된 것입니다.

1 루이 브라유에 대한 설명으로 바르지 <u>않은</u> 것은 어느 것입니까? ( )

① 프랑스에서 태어났다.
② 태어날 때부터 시각 장애인이었다.
③ 세 살 때 사고로 한쪽 눈이 멀게 되었다.
④ 오늘날 쓰이는 점자의 원리를 만들었다.
⑤ 열 살 때 파리의 '왕립맹아학교'에 입학하였다.

2 이 글 전체의 중요한 내용을 간추릴 때에 꼭 들어가야 할 내용은 무엇입니까? ( )

① 시각 장애인이 사용하는 점자의 모양
② 시각 장애인이 점자를 사용하는 방법
③ 시각 장애인으로서 겪은 여러 가지 고통
④ 루이 브라유가 시각 장애인들을 가르치는 방법
⑤ 루이 브라유가 점자 알파벳을 만들기로 결심한 원인과 결과

3 ㉠'야간 문자'의 특징을 두 가지만 쓰시오.

- _____
- _____

4 루이 브라유가 만든 점자의 특징을 한 가지만 쓰시오.

_____

5 이 글의 중요한 내용을 원인과 결과에 따라 간추린 것입니다. 빈칸에 들어갈 알맞은 내용을 쓰시오.

원인	결과	원인	결과
1809년에 프랑스에서 태어난 루이 브라유는 어렸을 때 사고를 당하여 앞을 보지 못하게 되었다.			루이 브라유는 시각 장애인이 편리하게 읽을 수 있는 점자를 만들려고 노력하였다. 그 결과 십 년 뒤에 점자 알파벳을 만들어 냈다.

02 인명사전에서 찾은 인물

> 읽기   교과서 6~28쪽 | 학습 목표 : 알고 싶은 것을 사전에서 찾아 읽을 수 있다.

풍속화의 대가 김홍도

🌱 **글의 종류** 설명하는 글
🌱 **글의 특징** 인명사전에 나타난 김홍도에 대한 글이다.

㉠<u>김홍도</u>(1745~?) : 호는 단원, 조선 시대의 화가.

1 빨래하는 여인들, 둥그렇게 둘러앉아 씨름을 구경하는 사람들, 무서운 훈장님 앞에서 벌 받는 친구를 보며 웃음을 참느라 입을 꾹 다물고 있는 아이들……. 어디에서인가 이러한 내용을 담은 그림들을 본 적이 있을 것입니다. 이렇게 우리 생활 속의 모습을 꾸밈없이 그린 그림을 '풍속화'라고 합니다. 조선 후기에는 풍속화가 매우 유행하였습니다. 주로 서민들의 모습이 담긴 풍속화를 가장 잘 그린 화가가 김홍도입니다.

2 김홍도는 어린 시절부터 그림에 재능을 보였습니다. 어린 나이에 김홍도는 당시에 유명한 화가였던 ㉡<u>강세황</u>에게 그림을 배우게 되었습니다. 뛰어난 재능에 훌륭한 스승을 만난 김홍도는 곧 유명한 화가가 되었습니다. 김홍도의 그림을 본 사람들은 입에 침이 마르게 칭찬을 하였습니다.

"우리나라가 내놓은 천재 화가로다!"

김홍도는 스무 살도 되기 전에 나라에서 운영하는 도화서에서 일하게 되었습니다. 그리고 임금의 초상화인 '어진'을 그리는 화가로 임명되어 영조와 정조의 초상화를 그리기도 하였습니다.

3 '집짓기', '대장간', '서당', '씨름' 등 김홍도가 남긴 풍속화는 우리 미술사에 길이 남을 뛰어난 작품들입니다. 꾸밈없는 그의 그림에는 웃음과 해학이 넘치는 정겨운 모습들이 잘 나타나 있습니다.

또, 김홍도는 정조가 사도 세자의 넋을 위로하기 위하여 지은 절인 용주사의 후불탱화를 그리는 것을 감독하였는데, 이 그림에는 김홍도의 영향으로 음영법이 많이 사용되었습니다. 음영법은 한 가지 색으로 밝고 어두운 정도에 차이를 두어 그림이 실제처럼 보이도록 하는 방법입니다. 김홍도는 서양에서 새로이 들어온 음영법을 과감하게 사용하기 시작하였습니다.

4 김홍도는 조선 후기의 문화를 그림으로 많이 표현하였습니다. 그러나 아쉽게도 그를 특별히 아꼈던 정조의 죽음 이후에는 쓸쓸한 노년을 보내게 되었습니다. 그 뒤, 김홍도가 어떻게 살았고, 언제 세상을 떠났는지 자세히 알 수 없지만, 그의 풍속화는 오늘날 높이 평가되고 있습니다.

1 풍속화에 대한 설명으로 바른 것은 어느 것입니까? ( )

① 물체들을 놓고 그린 그림
② 자연의 경치를 그린 그림
③ 사람을 주제로 하여 그린 그림
④ 먹으로 짙고 엷음을 이용하여 그린 그림
⑤ 우리 생활 속의 모습을 꾸밈없이 그린 그림

2 ㉠과 ㉡에 대해 궁금할 때 찾는 사전으로 가장 알맞은 것은 어느 것입니까? ( )

① 영어 사전 ② 지명 사전 ③ 인명사전
④ 속담 사전 ⑤ 우리말 유래 사전

3 '해학'의 뜻을 바르게 설명한 것을 고르시오. ( )

① 눈치 빠른 재주
② 줏대가 없이 되는대로 하는 짓
③ 실없이 놀리거나 장난으로 하는 말
④ 익살스럽고도 품위가 있는 말이나 행동
⑤ 남을 웃기려고 일부러 하는 말이나 몸짓

4 다음 그림들을 보고, 김홍도 그림의 특징 한 가지를 쓰시오.

▲ 벼타작　　▲ 서당　　▲ 씨름

03 사전을 활용하라

읽기 | 교과서 30~34쪽 | 학습 목표 : 여러 가지 사전을 활용하면서 글을 읽을 수 있다.

한옥

🍃 **글의 종류** 설명하는 글
🍃 **글의 특징** 한옥의 특징, 구조, 종류 등을 알기 쉽게 설명한 글이다.

1️⃣ 한옥은 우리나라 고유의 건축 양식으로 지은 집을 서양식 건물과 대비하여 이르는 말입니다. 한옥의 가장 큰 특징은 방에 온돌이 갖추어져 있다는 점입니다. 우리 조상은 집을 지을 때 온돌을 깔아 추운 겨울에 대비하였습니다.

그리고 또 한 가지 특징은 집의 재료를 자연에서 구하였다는 점입니다. 기둥이나 서까래처럼 집의 뼈대가 되는 부분과 문은 나무로 만들고, 벽과 바닥은 흙과 짚을 물에 개어 발랐습니다. 그리고 어떤 집은 문과 창문에 한지를 바르고, 바닥과 벽, 천장 역시 한지에 콩기름을 먹여 마무리하였습니다. 거기에 기와, 볏짚, 나뭇조각으로 지붕을 덮었으니 집 전체가 천연의 재료로만 지어진 것입니다.

2️⃣ 한옥은 지방마다 구조가 조금씩 달랐습니다. 따뜻한 남부 지방에서는 바람이 잘 통하도록 넓은 마루를 두고 방을 한 줄로 배열하였습니다. 마루는 방들을 연결하는 통로로 사용되었고, 무더운 여름날에는 시원한 마루에서 주로 생활하였습니다. 추운 북부 지방에서는 집을 낮게 지으면서 방을 두 줄이나 사각형으로 배열하여 집 안의 열기가 밖으로 빠져나가지 않도록 하였습니다. 방과 부엌 사이에 '정주간'이라고 하는 별도의 방을 만들어 일을 하거나 밥을 먹는 등 여러 용도로 사용하기도 하였습니다.

1 한옥의 특징에 대하여 바르게 말하지 못한 친구는 누구입니까?

> 호동 : 한옥은 방에 온돌이 갖추어져 있어.
> 수근 : 한옥은 재료를 자연에서 구하여서 지었어.
> 몽이 : 한옥은 지방마다 구조가 똑같아.

(   )

2 이 글을 읽고 알게 된 내용이 아닌 것은 어느 것입니까? (   )

① 한옥의 뜻
② 한옥의 특징
③ 한옥의 재료
④ 한옥의 가격
⑤ 한옥의 구조

3 다음의 경우에 어떤 사전을 활용해야 하는지 보기 에서 찾아 쓰시오.

> 보기
> 국어사전, 인명사전, 민속 도감, 동물 도감

(1) '서까래'라는 낱말의 뜻을 알고 싶을 때 ➡ (   )

(2) '정주간'의 모습이 궁금할 때 ➡ (   )

4 한옥은 지방마다 구조가 조금씩 다른 까닭은 무엇인지 쓰시오.

_____

_____

03 사전을 활용하라

3 한옥은 그 형태나 규모가 사는 사람의 생활이나 신분, 경제력에 따라 크게 달랐습니다. ㉠1431년 정월에 집의 규모에 대한 규제를 발표한 기록이 있습니다. 이를 보면 대군은 60칸, 서민은 10칸까지만 지을 수 있어, 신분에 따라 차이를 두었음을 알 수 있습니다.

보통 돈이 많고 지위가 높은 양반들은 기와집에서 살았습니다. 기와지붕에 얹은 기와는 흙을 빚어 구워 만들었습니다. 양반들은 안채, 사랑채, 행랑채 등을 따로 두어 양반과 하인들이 쓰는 공간을 분리하여 사용하였습니다. 안채는 안주인이 지내는 곳, 사랑채는 바깥주인이 지내며 손님을 맞는 곳, 행랑채는 하인들이 지내는 곳이었습니다.

반면, 서민들은 초가집에서 살았습니다. 벼농사를 짓는 지방에서는 볏짚으로 지붕을 만들었지만, 그렇지 않은 곳에서는 갈대나 띠로 지붕을 만들기도 하였습니다. 초가지붕은 여름에는 뜨거운 태양열을 막아 주고, 겨울에는 효율적으로 내부의 온기가 밖으로 빠져나가지 못하게 합니다.

그런가 하면 산에서 농사를 지으며 살던 화전민들은 두꺼운 나무 조각으로 지붕을 얹은 너와집에서 살기도 하였습니다. 너와 지붕은 공기가 잘 통하고 열이 빠져나가는 것을 막아 주어 추운 산간 지방에 아주 적당하였습니다. 옛날에는 주변에서 구하기 쉬운 재료로 집을 지었던 것입니다.

4 지금은 서양식 주택이 많아지고 한옥은 점점 사라져 가고 있습니다. 기회가 되면 한옥을 찾아가 봅시다. 우리 조상의 생활 방식을 알고, 전통의 아름다움을 느낄 수 있습니다.

5 ㉠을 통해 알 수 있는 사실은 무엇입니까? ( )

① 한옥은 온돌이 갖추어져 있다.
② 한옥은 집의 재료를 자연에서 구하였다.
③ 한옥은 신분에 따라 집의 규모가 달랐다.
④ 한옥은 나이에 따라 집의 규모가 달랐다.
⑤ 한옥은 가족의 수에 따라 집의 규모가 달랐다.

6 한옥의 공간을 알맞게 선으로 이어 보시오.

(1) 안채 •　　　　　　　• ㉠ 바깥주인이 지내며 손님을 맞는 곳

(2) 사랑채 •　　　　　　• ㉡ 하인들이 지내는 곳

(3) 행랑채 •　　　　　　• ㉢ 안주인이 지내는 곳

7 초가지붕과 너와 지붕의 특징을 각각 한가지씩 쓰시오.

초가지붕	너와 지붕

양반들은 왜 대청마루를 높여 만들었을까요

※ 다음 글을 읽고, 물음에 답하시오.

한옥에서 가장 넓은 마루를 대청마루라고 해요. 대청마루는 방과 방 사이를 연결하는 역할을 하기도 하고 집안의 행사를 치르는 역할을 하기도 해요.

양반들은 이 대청마루를 일부러 더 높게 만들었다고 해요. 양반들이 대청마루에 올라서면, 마당에 있는 아랫사람들이 고개를 들고 올려다보도록 만들어서 아랫사람들에게 위엄 있고 권위 있게 보이고 싶었던 것이지요.

1 대청마루의 역할 두 가지를 쓰시오.

2 양반들이 대청마루를 일부러 높여 만든 까닭을 쓰시오.

어둠 속에서 아버지가 읽어 주신 이야기

※ 다음 글을 읽어 보시오.

잠시 후 부드럽고도 체면사의 기법을 닮은 듯한 아버지의 책 읽는 음성이 나를 사로잡았다. 또박또박 부드럽게 읽어 주시는 아버지의 이야기는 유치원의 좁은 세계에서 사는 나를 멀고 먼 상상의 세계로 데리고 가곤 했다.

어느 날 아침, 나는 아버지의 점자책을 자세히 보았다. 나의 선명한 상상의 뿌리인 그 책은 볼록볼록 튀어나온 점들이 페이지를 채웠을뿐 그림 한 장도 없었다. 점자 페이지 위에 손을 얹어 놓고 이리저리 더듬어 보며 아버지는 어떻게 그것을 읽으실까 생각해 보았지만 상상이 되지 않았다. 그 순간 나는 이상한 점을 발견했다. 그것은 아직껏 나는 아버지가 앞을 보지 못하는 시각 장애인이라고 생각해 본 적이 없다는 사실이다. 아버지의 실명으로 내가 잃은 것이 없었기 때문이리라.

내 어린 시절을 회상해 보면 육안이 없이도 볼 수 있는 세계를 보여 주신 시각 장애인 아버지를 가지게 된 것이 얼마나 다행한 일이었는가를 깨닫게 된다. 두 눈을 뜬 내가 두 눈을 보지 못하는 아버지의 안내자가 아니라 시각 장애인인 아버지가 정안자인 내 인생을 안내하신다는 사실을 알게 된 것이다.

아버지는 외모로는 장애인으로 보인다. 그러나 나에게는 아버지가 장애인으로 보이지 않는다. 아버지는 내가 아는 누구보다 더 능력이 있고 재능이 있는 분이라고 생각되기 때문이다. 그뿐만 아니라 아버지는 나에게 인생을 살아가는 데 필요한 고귀한 교훈을 가르쳐 주셨는데, 그것은 아버지의 입장을 이해함으로써 터득할 수 있는 것이었다. 아버지로 인해 나는 세상을 긍정적으로 보고 도전하며 편견과 차별이 없는 사회 건설에 기여할 의욕을 갖게 되었으며 누구나 나의 스승이 될 수 있다는 삶의 태도를 갖게 된 것이다.

살 것이냐 말 것이냐

『사회』_ 1. 경제 생활과 바람직한 선택

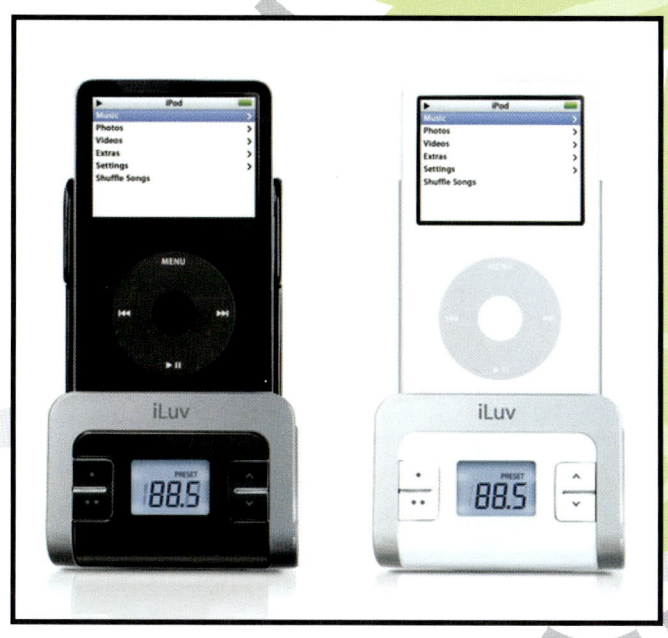

MP3 플레이어 하나를 구매할 때에도 수많은 고민을 합니다. 합리적인 소비를 하기 위해 어떤 고민을 하는지 말해 보시오.

현명한 선택

사회 | 교과서 8~15쪽 | 학습 목표 : 현명한 선택을 해야 하는 까닭과 현명한 선택을 하는 방법을 알 수 있다.

경제 활동이란?

생산	소비	저축
생활에 필요한 물건을 만들어 내거나 가치를 높이기 위한 활동	누군가가 생산한 것을 비용을 내고 사용하는 활동	소득 중에서 소비로 지출하지 않고 절약하여 모아 두는 활동

1 다음은 어떤 활동에 해당되나요? ( )

- 어머니가 시장에 가서 고등어를 산다.
- 동민이 가족이 외식을 한다.
- 칠칠이가 유치원에서 영어 공부를 한다.

① 생산   ② 저축   ③ 소비
④ 노동   ⑤ 여가

2 사람들은 경제 활동을 하면서 여러 가지 선택의 문제에 부딪히게 됩니다. 다음은 누가 겪는 선택의 문제인지 쓰시오.

- 무엇을 생산할 것인가?
- 얼마나 생산할 것인가?
- 어떻게 생산할 것인가?

( )

※ 다음 표를 보고, 물음에 답하시오.

현명한 선택을 하기 위한 방법

필요한 것 확인하기 → 정보 모으기
↓
선택 기준 만들기 (재질, 품질, 디자인, 가격 등)
↓
선택의 결과 평가해 보기 → 결정하기

3 우리가 경제 활동을 하면서 선택의 문제를 겪는 까닭을 두 가지 고르시오. (,)

① 자원이 풍족하기 때문에
② 가격이 정해져 있기 때문에
③ 자원과 돈이 한정되어 있기 때문에
④ 사람들이 필요로 하는 것들이 많기 때문에
⑤ 사람들이 필요로 하는 것들이 없기 때문에

4 현명한 선택을 하기 위해 선택 기준을 만드는 방법으로 알맞지 않은 것은 어느 것입니까? ( )

① 사고자 하는 물건을 생각해 본다.
② 물건에 알맞은 선택 기준을 세운다.
③ 자신에게 알맞은 선택 기준을 세운다.
④ 고려해야 할 점들을 미리 생각해 본다.
⑤ 부모님에게 알맞은 선택 기준을 세운다.

5 다음 '컴퓨터 평가표'를 보고 몽이는 ▲ 회사, 송이는 ● 회사의 컴퓨터를 선택하였습니다. 둘의 선택이 다른 까닭은 무엇인지 쓰시오.

	■	▲	●
가격은 어느 정도인가?	보통	쌈	가장 비쌈
성능은 얼마나 좋은가?	우수	보통	매우 우수
디자인은 얼마나 좋은가?	보통	좋음	나쁨

※ 다음 글을 읽고, 물음에 답하시오.

기업의 목적과 사회적 역할

기업은 우리가 살아가는 데 필요한 물건이나 서비스를 생산하여 이윤을 얻는 조직이에요. 이윤이란 기업이 상품이나 서비스를 팔고 벌어들인 돈에서 생산과 판매를 위해 쓴 돈을 빼고 남은 이익을 말해요.

기업의 목표는 돈을 많이 버는 것, 즉 이윤 추구이기 때문에 이윤을 많이 남기기 위해 여러 가지 노력을 해요. 물건을 만들 때 들어가는 비용을 줄이기 위한 노력, 뛰어난 기술력을 갖추고 질 좋은 서비스를 제공하려는 노력, 회사를 알리기 위한 노력 등을 한답니다.

기업은 이윤 추구를 목적으로 하는 조직이지만 사회에도 많은 기여를 하는 조직이에요. 기업은 사람들에게 일자리를 제공하고 자선 단체를 만들어 어려운 사람들을 돕거나 문화·예술 공연을 후원하기도 해요. 뿐만 아니라 기업이 낸 세금으로 국가도 발전하지요. 개인이 열심히 일하면 기업이 발전하고, 기업이 발전하여 세금을 많이 내면 국가도 발전하기 때문에 개인과 기업, 국가는 뗄 수 없는 관계입니다.

6 기업은 어떤 조직인지 30자 내외로 쓰시오.

_____

_____

7 기업이 다음과 같은 노력을 하는 까닭은 무엇인지 쓰시오.

▲ 시음회

▲ TV 광고

_____

※ 다음 표를 보고, 물음에 답하시오.

가정의 소득과 소비 생활

가정의 소득

생산 활동으로 얻은 소득	재산을 이용해 얻은 소득
• 회사에서 일을 하고 받는 월급 • 가게나 회사를 운영하여 번 돈 • 농산물을 생산하거나 고기잡이를 하여 번 돈	• 은행에 저축을 하여 생긴 이자 • 집이나 땅, 건물을 다른 사람에게 빌려 주고 받은 돈

소비	저축
필요한 물건을 구입하거나 서비스를 사용하기 위해 돈을 쓰는 것	벌어들인 돈 가운데 미래의 소비를 위해 돈을 쓰지 않고 남겨 두는 것

8 다음 중 가정에서 소득을 얻는 방법이 <u>아닌</u> 것은 어느 것입니까? ( )

① 빵집을 운영해서 돈을 번다.
② 회사에서 일을 하고 돈을 받는다.
③ 은행에서 빌려 주는 돈을 받는다.
④ 은행에 저축을 하여 생긴 이자를 받는다.
⑤ 건물을 다른 사람에게 빌려 주고 돈을 받는다.

9 저축을 하면 좋은 점 두 가지를 쓰시오.

• _____

• _____

Step by Step

01 양이 적다고 다 귀한 건 아니야

※ 다음 글을 읽고, 물음에 답하시오.

어느 섬나라에서는 바나나는 매달 100톤씩 딸 수 있는 반면 파파야는 1톤밖에 딸 수 없다. 그럼 어떤 것이 더 귀할까? 모두 수확량이 적은 파파야가 더 귀하다고 생각할 것이다.

하지만 이 섬나라 사람들은 바나나는 무척 좋아하지만 파파야는 좋아하지 않는다. 사람들이 파파야는 찾지 않고 바나나만 찾기 때문에 바나나가 훨씬 풍부함에도 불구하고 바나나가 훨씬 귀하다. 다시 말하면 파파야보다 바나나가 더 희소성이 있다는 것이다.

1 '희소성'의 뜻을 잘 보고, 이 글에서 파파야보다 바나나가 더 희소성이 있는 까닭을 쓰시오.

> 희소성 – 어떤 사물의 양이 사람들이 원하는 양에 비해 드물거나 적은 상태

02 하나를 선택하면 하나는 포기해야 한다

※ 다음 만화를 보고, 물음에 답하시오.

1 동이가 디지털 카메라를 갖기 위해서 포기한 것은 무엇인지 쓰시오.

___

2 다음 ( ) 안에 들어갈 알맞은 말을 쓰시오.

> 기회비용이란, 어떤 것을 선택하면서 포기해야 하는 대가를 말해요. 여기서 디지털 카메라 선택의 기회비용은 사지 못한 (   )이에요.

(   )

03 소비 생활은 경제의 윤활유

무릇 재물은 우물과 같다. 우물물을 퍼내면 퍼낼수록 물이 솟아나고, 퍼내지 않으면 물이 고여 썩는 것처럼 재물도 고여 있으면 썩는다.

비단옷을 입지 않으니 나라 안에 비단 짜는 사람이 없어지게 될 것이고, 이로 인해 여공(女工)이 없어지게 됐다.

다른 나라는 사치 때문에 망하기도 하였지만 우리나라는 검소함이 지나쳐 쇠해졌다.

1 다음 중 박제가가 강조한 것은 무엇인가요?　　　　　　　　(　　)
① 절약　　　　② 저축　　　　③ 소비
④ 경제　　　　⑤ 낭비

2 박제가가 하고자 하는 말이 무엇인지 50자 내외로 정리하시오.

_____

_____

_____

※ 다음 그림을 보고, 물음에 답하시오.

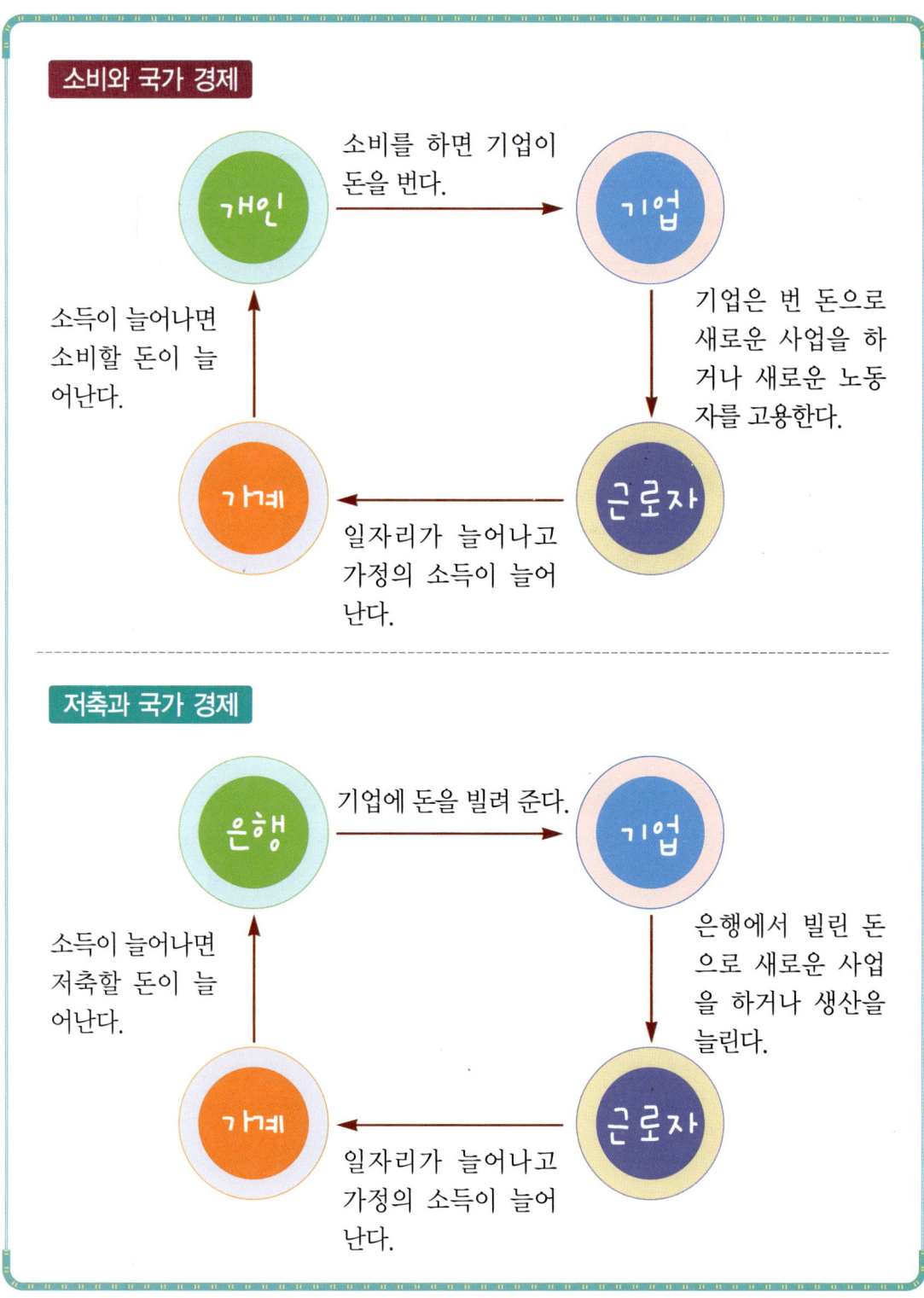

1 소비와 저축은 가정의 경제뿐 아니라, 나라의 경제와도 관계가 깊어요. 나라 경제가 발전하려면 어떻게 소비하고 저축해야 하는지 자신의 의견을 쓰시오.

04 우리가 선택하는 걸까? 조종당하는 걸까?

▲ 텔레비전을 틀면 나오는 홈쇼핑 광고

▲ 최신 휴대 전화가 진열된 매장

▲ 갓 구워낸 빵 냄새가 퍼지도록 에스컬레이터 주변에 배치된 백화점 빵 매장

▲ 물건을 많이 담게 만들어진 할인 매장의 카트

1 필요한 물건이 아닌데 사게 된 경험이 있다면 이야기해 보시오.

2 우리는 스스로가 합리적 판단을 하여 물건을 구매한다고 생각하지만 사실 그렇지 못한 경우가 많아요. 요즘처럼 유혹이 많을 때에 합리적 소비를 하려면 어떻게 해야 할지 방법을 제시해 보시오.

의견을 나누어요

「말하기·듣기」·「읽기」_ 3 서로 다른 의견

01 학급 회의 절차

🎧 듣기 💬 말하기   📖 교과서 41~43쪽 | 학습 목표 : 학급 회의의 절차를 알 수 있다.

강희네 반 학급 회의

🌱 **글의 특징** 강희네 반 학급 회의 내용을 나타낸 글이다.

회장 : 지난주 생활 목표는 '스스로 공부하기'였습니다. 잘 지켜졌는지 반성해 주시기 바랍니다.

학생 1 : (학생들이 웅성웅성거리는 소리 속에 작은 소리로) 지난주 생활 목표가 그거였구나.

학생 2 : 잘 지켜졌다고 생각합니다. 스스로 공부를 잘하였기 때문입니다.

회장 : 네, 잘 지켜졌다고 생각하는 사람은 손을 들어 주시기 바랍니다.

부회장 : (회장에게 작은 목소리로) 이십오 명이야.

회장 : 삼십이 명 중 과반수가 잘 지켜졌다고 하여 지난주 생활 목표는 잘 지켜진 것으로 결정되었습니다.

부회장 : 이번 주 생활 목표!

회장 : 이번 주에 지켜야 할 생활 목표를 말씀해 주십시오.

학생 1 : 뭐가 좋을까? 갑자기 생각하려니까 어렵네.

회장 : 김강희, 발표해 주십시오.

김강희 : 이번 주에는 '군것질 안 하기'라고 정하면 좋겠습니다. 요즘 군것질을 하는 사람이 많기 때문입니다.

(학생들 침묵)

회장 : 다른 의견이 있으면 발표해 주십시오.

부회장 : 얼른 표결해.

회장 : 다른 의견이 없으므로 표결을 하겠습니다. '군것질 안 하기'에 찬성하는 사람은 손을 들어 주십시오.

부회장 : (열일곱, 열여덟, 열아홉 작은 소리로 세며) 열아홉 명입니다.

회장 : 우리 반 삼십이 명 중 과반수인 열아홉 명이 찬성하여 이번 주 생활 목표는 '군것질 안 하기'로 결정하겠습니다.

1 강희네 반에서 학급 회의를 하는 까닭은 무엇입니까? ( )

① 체육 대회 선수를 뽑기 위해
② 교실 청소 당번을 정하기 위해
③ 스스로 공부하는 습관을 기르기 위해
④ 군것질 하는 것에 대해 반성하기 위해
⑤ 지난주 생활 목표를 반성하고 이번 주 생활 목표를 정하기 위해

2 김강희가 제안한 의제와 제안한 까닭을 쓰시오.

의제	
제안한 까닭	

3 학급 회의를 진행하는 과정에서 부회장이 한 잘못은 무엇입니까? ( )

① 회의에 늦었다.
② 회의 시간에 졸았다.
③ 회의 주제를 몰랐다.
④ 회장에게 표결을 재촉하였다.
⑤ 회장의 말에 따라 표결을 진행하였다.

4 이번 주 생활 목표를 '군것질 안 하기'로 결정한 까닭은 무엇입니까? ( )

① 군것질은 비만의 원인이 되므로
② 반 아이들이 군것질을 잘 안 하기 때문에
③ 삼십이 명 중 열아홉 명이 찬성하였기 때문에
④ 선생님께서 의제를 군것질 안 하기로 정해 주셨기 때문에
⑤ 삼십이 명 중 과반수 이하의 아이들이 찬성하였기 때문에

빼빼로 데이를 가래떡 데이로

회장 : 지금부터 제 15회 학급 회의를 시작하겠습니다. '11월 11일에 빼빼로 대신 가래떡 주고받기'를 제안한 친구는 그 까닭을 설명하여 주십시오.

제안자 : 빼빼로를 먹는 것보다 가래떡을 먹는 것이 건강에도 좋고 어린이들이 가래떡을 먹으면 쌀 소비가 늘어 농촌 경제에도 도움이 됩니다. 그래서 이런 제안을 하였습니다.

회장 : 11월 11일에 빼빼로 대신 가래떡을 주고받는 것에 대해 어떻게 하면 좋을지 토의하겠습니다. 좋은 의견을 말씀하여 주시기 바랍니다.

동률 : 가래떡은 학교에 갖고 오기에 불편하고 포장하기도 어려워서 11월 11일에 주고받는 선물로 적합하지 않다고 생각합니다.

봉선 : 저는 생각이 좀 다릅니다. 가래떡을 10cm길이로 잘라서 비닐봉지에 넣어 리본을 묶으면 충분히 멋진 선물이 됩니다. 그리고 10cm로 자르면 갖고 다니며 간편하게 먹을 수도 있기 때문에 11월 11일에 가래떡을 주고받는 것이 좋다고 생각합니다.

친구들 : 재청합니다.

회장 : 재청이 들어왔으므로 받아들이겠습니다. 다른 의견 없습니까? 없으면 표결하여도 좋습니까?

친구들 : 좋습니다.

회장 : 그럼 표결하겠습니다. 먼저 '11월 11일에 빼빼로 대신 가래떡을 주고받기.' 의견에 찬성하는 사람은 손을 들어 주시기 바랍니다. 34명 중에 22명이 찬성하였습니다. 다음은 '11월 11일에 빼빼로를 주고받기'를 표결하겠습니다. 34명 중에 12명이 찬성하여 과반수가 되지 않으므로 결정되지 않았습니다.

회장 : 11월 11일에 '빼빼로 대신 가래떡 주고받기'를 실천하도록 하겠습니다.

회장 : 이상으로 제 15회 학급 회의를 모두 마치겠습니다.

1 '11월 11일에 빼빼로 대신 가래떡 주고받기'에 대한 동률이와 봉선이의 의견을 비교하여 보고, 나는 누구의 의견과 비슷한 의견을 가지고 있는지 알맞은 까닭을 들어 써 보시오.

나는 _____ 의 의견과 비슷한 의견을 가지고 있습니다. 왜냐하면

_____ 때문입니다.

02 글쓴이의 의견과 내 의견

읽기 | 교과서 46~48쪽 | 학습 목표 : 글쓴이의 의견에 대하여 내 의견을 제시할 수 있다.

독서의 힘

● 중심 글감 독서
● 글의 특징 독서의 중요성을 강조하기 위해 위인들의 예를 들어가며 의견을 내세운 글이다.

1 독서는 세상을 바꾸는 힘이 있습니다. 위인들은 독서를 통하여 세상을 보는 눈과 진리를 깨우칠 수 있었으며 세상을 변화시킬 수 있었습니다. 그래서 후세에 오래도록 기억되는 사람들을 보면 책 읽기를 좋아한 분이 많았습니다. 세종 대왕, 정약용, 링컨 등 많은 위인이 책을 가까이 하였습니다.

2 세종 대왕은 어떤 책이든 백독백습하는 습관이 있었습니다. '백독백습'은 백 번 읽고 백 번 쓴다는 뜻입니다. 세종 대왕은 같은 책을 백 번씩 읽으면서도 싫증을 내지 않았습니다. 책을 읽을 때마다 책 속에 숨은 뜻을 더 깊고 새롭게 이해하여 자신의 것으로 재창조하였기 때문입니다.

▲ 세종 대왕

이렇게 독서를 즐겼던 세종 대왕은 많은 백성이 글을 모르는 것을 안타깝게 여겨, 새로운 문자를 만들기 위하여 연구하였습니다. 그리하여 우리나라는 빛나는 문화유산인 '한글'을 가지게 되었고, 누구나 쉽게 글을 읽고 쓸 수 있게 되었습니다.

3 조선 시대의 학자인 정약용은 책을 꼼꼼히 읽기로 유명하였습니다. 정약용은 책을 읽기 전에 항상 책을 읽는 목적을 정하였습니다. 또, 중요한 내용은 따로 정리하는 습관을 가졌습니다. 그는 독서야말로 사람이 하는 일 가운데 가장 깨끗한 일이라고 할 정도로 독서를 사랑하였습니다.

▲ 정약용

이렇게 철저하게 독서를 한 덕분에, 정약용은 스스로 오백여 권의 책을 써서 후세에 남겼습니다. 그리고 사람들이 더 잘 살도록 조선 사회를 새롭게 바꾸는 데 기여하였습니다. 실천을 중요하게 여기는 정약용의 생각은 그가 쓴 책에 고스란히 담겨 지금도 전하여 오고 있습니다.

4 미국의 링컨 대통령 또한 독서를 중요하게 여겼습니다. 링컨 대통령은 가난한 집안 형편 때문에 제대로 학교도 다니지 못하였습니다. 그래서 혼자 책을 읽으며 공부하였습니다. 헌책들을 가져다 읽고 공부하여 훗날에 변호사가 되고 대통령까지 되었습니다.

링컨 대통령은 '톰 아저씨의 오두막'을 읽고 노예 제도가 얼마나 비인간적인지 알게 되었습니다. 그리하여 대통령이 된 뒤, 노예 해방을 반대하는 사람들과 맞서 싸워 평등을 중요하게 여기는 지금의 미국을 만들었습니다.

▲ 링컨

5 책은 세상의 모든 지혜를 담은 변치 않는 보물입니다. 이 보물은 독서를 통하여 얻을 수 있으며, 차곡차곡 쌓여 세상을 바꾸는 힘이 됩니다.

1 이 글에서 글쓴이의 의견은 무엇입니까? ( )

① 책값을 내려야 한다.
② 지하철에서 책을 읽어야 한다.
③ 책을 바른 자세로 읽어야 한다.
④ 독서는 세상을 바꾸는 힘이 있다.
⑤ 위인들은 책을 좋아하고 가까이했다.

2 세종 대왕, 정약용, 링컨의 독서 습관으로 알맞은 것을 선으로 이으시오.

(1) 세종 대왕 •   • ㉠ 혼자 책을 읽으며 공부했다.

(2) 정약용 •   • ㉡ 꼼꼼하고 철저하게 독서를 하였다.

(3) 링컨 •   • ㉢ 백독백습하는 습관을 가졌다.

3 세종 대왕, 정약용, 링컨의 삶을 통해 '독서는 세상을 바꾸는 힘이 있다.'는 것을 알 수 있습니다. 독서가 세상을 바꾸는 힘이 된 예를 두 가지 찾아 쓰시오.

• _____

• _____

책은 힘이 세다

독서의 높이가 삶의 높이입니다

㉠내가 알지 못하는 세상,
미처 깨닫지 못했던 진실,
삶을 풍요롭게 가꾸어 주는 지혜가
바로 책 속에 담겨 있습니다.
어렵고 힘든 때일수록 책을 읽으세요.
높이 올라가야 멀리 바라볼 수 있듯
더 넓은 세상과
밝은 내일이 펼쳐집니다.

보지 않은 책은 한 뭉치 종이에 불과합니다.
책을 열어 지혜의 문을 활짝 열어보세요.

1 이 공익 광고의 주제는 무엇인지 쓰시오.

2 ㉠과 같이 책을 통해 새로운 것을 알고 삶을 풍요롭게 해 주는 지혜를 얻은 경험이 있다면 이야기해 보시오.

3 '독서의 높이가 삶의 높이입니다.'라는 공익 광고의 의견이 적절한지 판단하여 내 의견을 쓰시오.

03 글쓴이의 의견과 내 의견 비교하기

읽기 | 교과서 45~48쪽 | 학습 목표: 글쓴이의 의견과 내 의견을 비교하며 글을 읽을 수 있다.

상수리에서 온 편지와 도청에서 온 편지

- 글의 종류 편지글
- 글의 특징 효은이가 도청 아저씨께 쓴 댐 건설을 반대하는 내용의 편지와 도청 아저씨가 효은이에게 댐 건설이 이루어져야 하는 까닭을 쓴 답장이다.

(가) 도청 아저씨께

　안녕하세요?

　저는 산 깊고 물 맑은 상수리에 사는 김효은입니다. 우리 마을은 앞으로 만강이 흐르고, 뒤로는 우뚝 솟은 산봉우리들이 병풍처럼 둘러싸고 있어 한 폭의 그림처럼 아름답습니다.

　숲에는 보호 야생 동물인 하늘다람쥐와 천연기념물인 황조롱이, 까막딱따구리 같은 새들이 살고 있습니다. 또, 만강에는 쉬리나 배가사리, 금강모치 등 우리나라의 토종 물고기가 많이 살고 있습니다.

　그런데 어제 만강에 댐을 건설할 수 있는지 알아보기 위하여 도청 아저씨들께서 우리 마을을 방문하셨습니다. 아저씨들께서는 지난해 비가 많이 와서 만강 하루에 있는 도시에 물난리가 났다고 말씀하셨습니다. 홍수를 막으려면 우리 마을에 댐을 건설하여야 한다고 합니다.

　하지만 저는 댐을 건설하는 것에 반대합니다. 우리 상수리에 댐을 건설하면 숲에 사는 동물들과 새들은 살 곳을 잃고, 만강의 물고기들도 다시는 볼 수 없게 될 것입니다. 또, 마을 어른들께서는 평생 살아온 고향을 떠나야 한다고 말씀하십니다. 우리 마을에 댐을 건설하기로 한 계획을 취소하여 주시기 바랍니다.

(나) 효은이에게

　효은이의 편지를 잘 읽어 보았습니다. 저는 도청에서 댐 건설에 대한 일을 맡고 있습니다.

　아름다운 상수리가 댐 건설로 겪는 어려움을 잘 알고 있습니다. 하지만, 댐을

건설하는 것은 상수리 마을 주민들만의 문제가 아니라 우리 지역 전체의 문제입니다.

만강에 댐을 건설하면 여름철 폭우로 생기는 문제를 막을 수 있습니다. 비가 내리는 대로 강을 따라 흘러가게 내버려 두면, 강 하류에서는 강물이 넘쳐 논과 밭이 빗물에 잠기기도 합니다. 또, 집과 길이 부서지고, 심지어 사람의 목숨까지 빼앗아 갈 만큼 위험합니다. 하지만, 댐을 건설하면 홍수로 인한 피해를 막을 수 있습니다.

우리 도청은 상수리 마을 주민들에게 피해가 가지 않도록 이사하는 데 모든 지원을 아끼지 않을 것입니다.

1 다음 중 상수리에 대한 설명으로 바르지 <u>않은</u> 것은 무엇입니까? (　　)

① 만강이 흐른다.
② 산 깊고 물 맑다.
③ 천연기념물들이 산다.
④ 토종 물고기들이 산다.
⑤ 편의 시설이 풍부하다.

2 효은이가 도청 아저씨께 편지를 쓴 까닭은 무엇입니까? (　　)

① 상수리 마을을 알리려고
② 상수리 마을에 초대를 하려고
③ 댐 건설에 찬성한다는 의견을 전하려고
④ 댐 건설에 반대한다는 의견을 전하려고
⑤ 보호 야생 동물을 잡는 사람들을 신고하려고

3 글 (나)의 글쓴이의 의견에 대한 까닭으로 알맞은 것은 무엇입니까? (　　)

① 야생 동물을 보호할 수 있다.
② 토종 물고기를 보호할 수 있다.
③ 숲의 동물들로 인한 피해를 막을 수 있다.
④ 폭우와 홍수로 생기는 문제를 막을 수 있다.
⑤ 댐 건설에 반대하는 사람들을 설득할 수 있다.

4 댐 건설에 대한 효은이와 도청 아저씨의 의견을 비교하여 보고, 나는 누구의 의견과 비슷한 의견을 가지고 있는지 알맞은 까닭을 들어 쓰시오.

나는 _____ 의 의견과 비슷한 의견을 가지고 있습니다.

왜냐하면 _____ 때문입니다.

착벽인광(鑿壁引光)
벽을 뚫어 끌어들인 불빛에 비추어 책을 읽다

전한 때, 재상이 되어 영화를 누린 광형은 젊었을 때 무척 고생을 하고 성공한 위인의 한 사람입니다. 그는 어렸을 때부터 책 읽는 것을 좋아하여 틈만 있으면 책을 읽었으나, 가난한 농부의 아들로 태어난 탓에 품팔이를 해 가면서 푼푼이 모은 돈으로 책을 사서 읽어야만 했습니다. 그러나 품팔이를 하지 않고서는 먹을 것을 해결할 수 없을 정도의 가난한 살림이었으니 낮에 한가히 책을 읽을 수는 없고, 밤에만 책을 보아야 했는데, 등불을 켤 기름이 없었습니다. 그는 생각 끝에 이웃집의 벽에 몰래 구멍을 뚫었습니다. 그리고 그 조그만 구멍으로 새어 들어오는 불빛에 책장을 넘기면서 독서를 했다고 합니다.

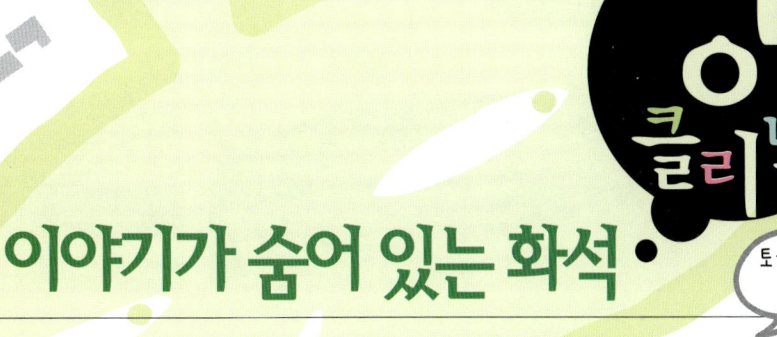

이야기가 숨어 있는 화석

『과학』_ 2 지층과 화석

위 사진은 지금은 사라진 시조새의 화석입니다.
지금은 사라진 동물들의 화석을 통해 알 수 있는
것들은 무엇인지 생각해 봅시다.

교과서 탐구
지층과 화석

> 과학 | 교과서 54~77쪽 | 학습 목표 : 지층과 암석, 암석 속에 있는 생물의 흔적에 대해 알 수 있다.

지층은 어떻게 만들어지는가

샌드위치

지층

비슷한 점

- 줄무늬(층리)가 있다.
- 층이 수평하게 쌓여 있다.
- 여러 가지 색깔의 층이 교대로 나타난다.
- 맨 아래에 있는 식빵이 가장 먼저 놓은 빵이듯이 맨 아래에 있는 지층이 가장 먼저 쌓인 것이다.

1 다음 ( ) 안에 들어갈 알맞은 말을 쓰시오.

자연의 고체 알갱이들이 모여 단단하게 굳어진 덩어리를 암석이라고 하고 이러한 암석이 여러 층으로 쌓여 있는 것을 ( )이라고 합니다.

( )

2 샌드위치와 지층의 비슷한 점을 통해 알 수 있는 지층의 특성이 아닌 것은 어느 것입니까? ( )

① 지층은 줄무늬가 있다.
② 지층의 색깔은 한 가지이다.
③ 층이 수평하게 쌓여 있다.
④ 여러 개의 층으로 이루어져 있다.
⑤ 아래에 있는 층이 먼저 쌓인 것이다.

※ 다음 표를 보고, 물음에 답하시오.

퇴적암 관찰하기

이름	알갱이의 크기	색깔	촉감	기타 특징
이암	매우 작음.	다양함.	부드러움.	무르고 잘 부서짐.
사암	보통(모래 알갱이 정도)	다양함.	약간 거침.	층리가 거의 없음.
역암	큰 것, 작은 것 등 다양함.	다양함.	다양함.	굵은 자갈이 보임.
석회암	보이지 않음.	회색, 흑회색, 검은 색 등.	부드러움.	묽은 염산을 떨어뜨리면 거품이 남.

3 다음 중 퇴적암을 관찰할 때 살펴보아야 할 것이 <u>아닌</u> 것은 무엇입니까? (　　　)

① 단단하기
② 퇴적암의 색깔
③ 퇴적암의 가치
④ 퇴적암의 촉감
⑤ 퇴적암의 알갱이 크기

4 다음에서 설명하는 퇴적암의 이름을 쓰시오.

> 물속에 사는 동물의 뼈나 조개 등이 쌓여서 만들어진 암석으로, 묽은 염산을 뿌리면 거품이 납니다.

(　　　　　)

※ 다음 자료를 보고, 물음에 답하시오.

여러 가지 화석 관찰하기

① 동물 화석

물고기 화석

암모나이트 화석

삼엽충 화석

② 식물 화석

고사리 화석

나뭇잎 화석

5 다음 중 화석에 대한 설명으로 바르지 <u>않은</u> 것은 어느 것입니까? ( )

① 암석이나 지층 속에 남아 있다.
② 과거에 살았던 동물의 몸체나 흔적이 남아 있는 것도 있다.
③ 과거 식물의 잎이나 줄기의 흔적이 남아 있는 것도 있다.
④ 진흙에 나타난 신발 자국이나 고인돌도 화석에 해당한다.
⑤ 화석을 통해 과거에 살았던 다양한 생물의 모습을 알 수 있다.

6 오늘날 우리가 먹는 고사리와 과거의 고사리 흔적인 화석을 통해 알 수 있는 사실을 한 가지 쓰시오.

※ 다음 자료를 보고, 물음에 답하시오.

삼엽충 화석의 생성 과정

바다에 살던 삼엽충이 죽어 바닥에 가라앉음. → 그 위로 퇴적물이 계속 쌓이고 오랜 시간이 지나면서 삼엽충의 몸체가 화석으로 변함. → 지각 변동으로 퇴적층이 땅 위로 올라옴. → 침식 작용에 의해 지층이 깎이면서 화석이 드러나고, 삼엽충 화석이 발견됨.

7 다음 ( ) 안에 들어갈 말을 쓰시오.

삼엽충은 과거에 크게 번성하였다가 멸종한 딱딱한 등껍질을 가진 바다생물입니다. 삼엽충은 바다에서 살았던 생물이기 때문에 삼엽충 화석이 발견된 곳은 아주 오랜 옛날에 ( )였음을 알 수 있습니다.

( )

8 삼엽충 화석의 생성 과정을 통해 알 수 있는 사실이 아닌 것은 어느 것입니까? ( )

① 삼엽충은 바다에 살던 생물이다.
② 지각 변동으로 인해 퇴적층이 땅 위로 올라온다.
③ 침식 작용에 의해 지층이 깎이면서 화석이 드러난다.
④ 퇴적 작용에 의해 지층이 깎이면서 화석이 드러난다.
⑤ 죽은 삼엽충 위에 퇴적물이 쌓여 오랜 시간이 지나면 화석으로 변한다.

01 누구의 발자국일까?

※ 다음 사진을 보고, 물음에 답하시오.

1 발자국의 모양을 보고 누구의 발자국인지 상상하여 쓰시오.

2 1에 쓴 동물이라고 생각한 까닭을 쓰시오.

3 발자국 화석이 있는 곳은 발자국을 찍은 동물이 걸을 당시에 어떤 상태였을지 쓰시오.

02 화석이 있는 곳에 연료가 있다

※ 다음 글을 읽고, 물음에 답하시오.

지각에 파묻힌 동식물의 유해가 오랜 세월에 걸쳐 화석화되어 만들어진 연료를 '화석 연료'라고 합니다. 과거의 생물이 변하여 연료가 된 것으로 '화석 연료'라고 부르는 것입니다. 현재 인류가 이용하고 있는 에너지의 대부분인 석유, 석탄, 천연가스가 이에 속합니다. 석탄이나 석유는 특정한 지층에서만 발견되는데, 여기에는 특정한 화석이 포함되는 경우가 많습니다. 이러한 화석을 이용하면 석유나 석탄이 나오는 지층을 쉽게 찾을 수 있습니다.

1 석탄이나 석유를 화석 연료라고 하는 까닭을 쓰시오.

2 이 글을 통해 알 수 있는 화석의 가치를 한 가지 쓰시오.

03 슬픈 화석

※ 다음 글을 읽고, 물음에 답하세요.

서기 79년 8월 24일, 나폴리로부터 12km 떨어진 베수비오 화산 기슭에서 사루느스 강 어귀에 세워진 항구 도시 폼페이는 여느 때와 같은 아침을 맞이하고 있었어요. 채소나 생선을 실은 짐마차가 거리에 돌아다니고 주민들도 하나둘씩 잠에서 깨어나 일을 시작했지요. 도시는 활기에 차 있었습니다. 도시 한가운데에 있는 광장은 사람들로 붐볐습니다. 그런데 정오 무렵, 갑자기 베수비오 화산으로부터 하늘을 뒤덮는 검은 연기가 솟아 올랐습니다. 엄청난 폭발음과 함께 산꼭대기가 갈라지면서 뜨거운 화산재와 용암이 폼페이로 날아들었어요. 빵을 구우며 점심을 준비하던 사람들은 놀라서 혼비백산하였지요. 화산 폭발은 며칠 동안이나 계속되었습니다. 향락과 번영의 도시 폼페이는 그렇게 사라졌어요.

오랜 세월이 흘러 폼페이 유적지 발굴을 하게 되었어요. 뜨거운 용암과 화산재에 묻혀 버린 사람들의 뼈도 많이 발견되어 사람들의 마음을 아프게 했답니다.

1 향락과 번영의 도시 폼페이가 사라진 까닭은 무엇입니까?

2 오랜 세월이 흘러 발견된 유적이나 화석을 통해 알 수 있는 것은 어떤 것이 있는지 한 가지만 쓰시오.

논술 클리닉

세상은 마음먹기에 달렸다

마음을 먹는다고?

『듣기·말하기·쓰기』_ 1. 감동이 머무는 곳

세상을 어떤 눈으로 바라보느냐에 따라 인생이 달라집니다.

달라진 게 뭔데?

● 듣기 ● 말하기 ● 쓰기   📖 교과서 5~21쪽 | 학습 목표 : 어머니의 마음이 어떻게 달라졌는지 알아봅니다.

"오랜만에 날이 개니 이제 살 것 같지 않아요?"
이웃집 아주머니가 이렇게 인사를 하였습니다.
"날이 개어 좋기는 한데 걱정이 하나 있다오. 우리 작은아들이 나막신 장사를 하지 않소? 이렇게 날이 개면 나막신이 잘 안 팔리게 되니 그것이 걱정이라오."
비가 내리는 어느 날, 이웃집 아주머니가 또 놀러 왔습니다.
"해가 쨍쨍 내리쬐다가 비가 오니 시원해서 좋지요?"
"아니에요. 조금도 시원하지가 않아요. 비가 내리니 걱정이에요."
"아니, 또 무슨 걱정이에요?"
"우리 큰아들이 부채 장사를 하지 않소? 이렇게 비가 내려 날이 선선하면 어느 누가 부채를 사겠습니까?"
"날이 개도 걱정이고, 비가 와도 걱정이군요."
"어쩌겠습니까? 난 두 아들 걱정에 밤잠을 설친답니다."
그러자 이웃집 아주머니가 말하였습니다.
"좋은 생각이 있어요. 이렇게 생각하시면 걱정이 싹 사라질 거예요."
"그게 뭔데요?"
"날이 개면 큰아들의 부채가 잘 팔리니 좋고, 날이 흐려 비가 내리면 작은아들 나막신이 잘 팔리니 좋다고 생각해 보세요."
"정말 그렇군요. 내가 왜 그렇게 생각하지 못하고 밤낮 걱정을 했을까요?"
그 뒤부터 어머니는 걱정 없이 살았답니다.

1 상황이 달라지지 않았는데, 어머니의 걱정이 사라진 이유는 무엇입니까?

'반밖에'와 '반이나'의 차이

01 세상은 마음먹기에 달렸어!

1 두 사람이 같은 상황을 보고 서로 다르게 말하고 있다. 어떤 경우가 더 바람직한지 말하시오.

___

2 그렇다면 다음과 같은 경우는 어떤지 생각해 보시오.

> 1. 시험이 10일밖에 안 남았네.   2. 시험이 10일이나 남았네.

나라면 어떻게 생각할 때 시험 공부를 더 열심히 할 수 있겠습니까?

___

02 저 들에 푸르른 솔잎을 보라

※ 다음 글을 읽고, 물음에 답하시오.

(그림 1) 플레이오프 18번 홀에서 해저드 속으로 들어간 공을 박세리가 망연자실하게 바라보며 공략 방법을 고민하고 있다.

(그림 2) 숙고 끝에 물 속에 들어가 치기로 결심한 박세리가 신발과 양말을 벗고 있다.

(그림 3) 종아리까지 담근 채 A웨지를 짧게 잡고 침착하게 탈출을 시도하고 있다.

(그림 4) 완벽하게 샷을 성공시킨 박세리가 환한 표정을 지으며 코스로 올라오기 위해 캐디 제프 게이블의 손을 잡으려 하고 있다.

1 미 여자 프로 골프(LPGA) 시합 당시 마지막 18번 홀에서 티샷한 볼이 연못에 빠졌을 때, 박세리는 어떤 마음가짐으로 위기를 극복했겠습니까?

2 남들이 불가능하다고 생각하고 포기하는 일에 도전하여 성공하는 사람들은 어떤 삶의 자세를 가진 사람들이겠습니까?

03 아름다운 꼴찌의 조건

※ 다음 글을 읽고 물음에 답하시오.

　20세기의 가장 극적인 레이스는 1911년 아문센(노르웨이)-스콧(영국)의 남극 정복 경쟁이었다. 비슷한 시기에 출발한 승부는 스콧 일행보다 한 달여 일찍 남극에 도착한 아문센 탐험대의 일방적 승리로 끝났다.

　그러나 이듬해 11월 탐험대의 시체가 잠들어 있던 텐트 속에서 스콧의 일기가 발견되면서 상황은 바뀌었다. 극심한 남극의 겨울 추위와 식량이 고갈된 엄혹한 조건에서 스콧 일행의 초인적인 사투가 문학적으로 표현된 일기를 통해 세간에 알려지면서 이들의 죽음은 인간 승리의 표본으로 승화됐다. '2등은 아무도 기억하지 않는다.'고 하지만 스콧 탐험대는 지금까지 아문센보다 더 '아름다운 2등'으로 기억되고 있다.

　국내엔 잘 알려지지 않았지만 88년 캘거리 동계올림픽의 스타는 단연 에디 에드워즈(영국)였다. 그는 우승자인 마티 누카넨(핀란드)보다 142.9점이나 뒤진 '한심한' 꼴찌였다. 그러나 당시 스키점프 경기를 공인하지 않았던 영국에서 혼자 배웠고, 점프하다가 턱뼈가 부숴지는 공포도 이겨내고 입문 2년 만에 올림픽 출전권을 땄다는 스토리가 알려지면서 에디는 하루 아침에 인기 스타가 됐다.

　약자에 대한 관심과 애정을 갖는 사회가 선진 사회이다. 그러나 이에 앞서 한계에 도전하는 '아름다운 꼴찌'가 늘어나는 사회가 더 건강한 사회 아닐까.

1 최고는 되지 못했지만 최선을 다한 사람에게 우리가 박수를 보내는 까닭은 무엇입니까?

2 비록 1등은 못했지만 최선을 다했을 때의 기분은 어떠하겠습니까?

04 생각을 바꾸면 세상이 바뀐다

> 골퍼와 캐디는 반나절에 보통 10km쯤 풀밭을 걷게 된다.
> 골퍼는 돈을 내고 걷지만 캐디는 돈을 받고 걷는다.
> 그런데도 골퍼는 상쾌한 기분에 건강이 좋아졌다 하고, 캐디는 몸이 찌뿌듯하고 불편하다고 한다.
> 똑같은 운동량으로 똑같은 시간을 보냈지만 이런 차이가 나는 까닭은 무엇일까?

1 골퍼와 캐디가 이와 같이 다른 반응을 나타내는 까닭은 무엇이겠습니까?

2 캐디가 10km 걸은 것을 골퍼처럼 운동했다고 생각한다면 어떤 결과가 나타날지 상상해 보시오.

3 내가 하고 싶은 일을 할 때와 하기 싫은 일을 할 때에 어떻게 달랐는지 쓰시오.

4 하기 싫었던 일을 마음을 바꿔 즐겁게 했던 경험이 있으면 말하시오.

긍정적인 사고를 한다면?

※ 어려운 상황에서도 긍정적으로 생각해야 하는 이유에 대해서 자기의 생각을 논술하여 봅시다. (500자 내외)

긍정적인 사고는 인생의 비타민

> "친구들과 미팅을 갔었지. /
> 뚱뚱하고 못 생긴 애 있길래, /
> 와! 쟤만 빼고 다른 애는 다 괜찮아. /
> 그러면 꼭 걔랑 나랑 짝이 되지. /
> 내가 맘에 들어 하는 여자들은 /
> 내 친구 애인이거나 우리 형 애인 /
> 형 친구 애인 아니면 동성동본…"

> 앗, 머피다! 난 머피가 싫어~

　누구나 한번쯤은 이 일도 꼬이고 저 일도 꼬이고 모든 것이 꼬여 버린 것만 같은 머피의 법칙을 경험해 보았을 것이다. 그러나 우리가 잘 알고 있는 머피의 법칙이 실제로 존재한다기보다는 우리의 마음 속에 있다고 할 수 있다.

　우리 인간은 '선택적 기억'이라는 것을 할 수 있다. 비관론자의 경우 A, B라는 좋은 일과 C라는 나쁜 일이 있을 경우 A, B의 좋았던 일은 잊어버리고 C라는 나쁜 일만 기억하려는 경향을 보인다. 이처럼 특정한 사실만을 기억하는 것이 '선택적 기억'이다. 이 '선택적 기억'으로 말미암아 머피의 법칙이 탄생한다. 한 번의 나쁜 일로 기분이 상하고 그 마음으로 인해 나쁜 일만을 '선택적으로 기억'하게 된다. 그럼으로써 작은 일도 더욱 크게 생각되고 웃음을 잃게 된다. 인간 관계는 엉망이 되고 일은 똑바로 될 리 없다.

　꼬이고 또 꼬이고 자꾸 꼬인다고 생각하면 할수록 더욱 일은 꼬이게 마련이다. 비관적인 사고로 얻어지는 이것은 전혀 우리의 삶에 도움이 되지 않는다. 그러나 긍정적인 태도로 '선택적 기억'을 한다면 어떻게 될까? 매일매일 즐거운 일만 기억하는 것이다. 오늘도 즐거웠으므로 내일을 기다리게 된다. 사소한 일에 행복을 느끼고 보람을 느끼게 된다. 이것은 샐리의 법칙이 있기 때문이 아니라 긍정적인 사고로 샐리의 법칙이 탄생된 것이다. 즉 긍정적인 사고로 새로운 인생을 개척하게 되는 것이다.

성공한 사람은 머리가 말랑말랑하다

강철 왕 카네기에 관한 일화다. 카네기는 직원 채용 시험에서 포장된 물건의 끈을 푸는 문제를 냈다. 카네기는 포장된 끈을 손으로 차근차근 꼼꼼하게 푼 사람은 불합격시키고, 고정관념을 깨고 생각을 바꿔 칼로 단번에 잘라 낸 사람들을 합격시켰다. 카네기는 채용 시험에 응시한 사람들의 지식보다는 지혜, 즉 사고의 유연성을 테스트해 본 것이다.

중국 송나라 때 있었던 일이다. 어른들이 모두 일터에 나간 사이에 동네 아이들이 물이 가득 찬 큰 독에 올라가 놀고 있었다. 그러던 중 한 아이가 실수로 그만 독 속으로 빠지고 말았다. 같이 놀던 아이들은 어쩔 줄 몰라하며 "사람 살려요. 사람이 빠졌어요."라고 소리를 쳤다. 그러나 마을 어른들이 모두 일터에 나간 터라 도움을 받을 길이 없었다. 아이들은 발만 동동 구르며 안타까워했다. 그런데 이를 멀리서 지켜보던 한 아이가 앞으로 불쑥 나오더니 큰 돌을 집어 독을 힘차게 내리쳤다. 그러자 독이 깨지면서 콸콸 쏟아지는 물과 함께 아이도 밖으로 나올 수 있었다. 물에 빠진 아이를 구하려면 독 안에서 꺼내야 한다는 고정관념에서 벗어나 '독을 깬다'는 남다른(?) 생각을 했던 것이다. 바로 이 소년이 송나라 시대의 유명한 대학자 사마광이다.

국어 술술 사회 술술 과학 술술

01 감동이 머무는 곳

※ 다음 글을 읽고, 물음에 답하시오.

꿈을 심는 노인

"대감 마님, 기대에 어긋나지 않는 관리가 되겠습니다."
"백성을 사랑하고 희망을 주는 원님이 되시게나. 나는 너무 늙어서 그렇게 할 수 없네만……."
"네, 그런데 지금 무엇을 하고 계십니까?"
"배나무를 심지."
"언제 따 잡수시려고……."
"내가 못 먹으면 자식이나 이웃들이 먹겠지."
그로부터 십 년이 흘렀어요. 고을 원님으로 나갔던 젊은이는 승진하여 감사로 나가게 되었지요. 그래서 신임 감사는 재상께 인사를 드리러 갔어요. 재상은 그를 반겨 맞았어요. 그리고 배를 그릇에 가득 담아서 내놓았지요.
"배 맛이 참 좋습니다. 이렇게 맛있는 배를 어디에서 구하셨습니까?"
"자네도 기억할 게야. 십 년 전에 자네가 우리 집에 찾아왔을 때 내가 심었던 그 배나무에서 딴 것이라네."
"십 년 전에 심으신 그 작은 나무에서 딴 배라고요?"
"일 년을 보고 농사를 짓고, 십 년을 보고 나무를 심고, 백 년을 보고 인재를 기른다고 하지 않던가?"
신임 감사는 재상의 말을 듣고 크게 깨달았어요.

1 재상이 바라는 원님의 모습은 어떤 모습인지 쓰시오.

2 글쓴이가 이 글을 통해 전하려는 생각이나 삶의 자세는 무엇인지 쓰시오.

※ 다음 글을 읽고, 물음에 답하시오.

금덩이보다 소중한 것

(가) 조금 가다가 강가에 다다르니, 장마로 잔뜩 불어난 강물에 한 아이가 빠져서 허우적거리고 있는 거야. 그런데 물살이 너무 빨라 아이를 구하려는 사람이 아무도 없었어. 헤엄도 못 치면서 자칫 물에 들어갔다가는 오히려 목숨을 잃을 수도 있거든. 옆에서 같이 보고 있던 젊은이도 헤엄을 칠 줄 모르니 도와줄 수가 없었어. 그러다가 갑자기 좋은 생각이 났어. 젊은이는 소중하게 품속에 넣어둔 금덩이를 꺼내어 높이 쳐들고 외쳤어.

"㉠저 아이를 구한 사람에게 이 금덩이를 드리겠소."

그러자 한 사람이 옷을 벗어부치며 나서더니 강물에 첨벙 뛰어들어 마침내 아이를 구할 수 있었어. 젊은이는 약속대로 금덩이를 그 사람에게 주었지.

(나) "정말 고맙소. 내 아들을 구하려고 귀한 금덩이를 남에게 주다니……."

주막 주인이 눈물을 글썽거리며 고맙다고 하자 젊은이가 말했어.

"아무리 금덩이가 귀한들 사람 목숨에 비하겠습니까? 주막에 금덩이를 떨어뜨리고 나왔을 때부터 그것은 제 물건이 아니었습니다. 그것으로 아이를 구했으니 저는 오히려 좋은 일을 한 셈이지요. 그리고 주인께서도 정직한 마음씨에 대한 보답을 받은 셈이니 좋지 않습니까?

3 젊은이가 ㉠처럼 말한 까닭은 무엇인지 쓰시오.

_____

4 젊은이의 말을 통해서 알 수 있는 이 이야기의 주제를 쓰시오.

주제:

※ 다음 글을 읽고, 물음에 답하시오.

고양이야, 미안해

(가) 토요일 오후, 집으로 돌아오는 길모퉁이에서였습니다. 어디에서인가 야릇한 소리가 났습니다. 가냘프지만 무척 다급한 소리였습니다.
'야!'
무심코 주변을 둘러보던 나는 깜짝 놀랐습니다. 내가 서 있는 곳에서 불과 이삼 미터 정도 떨어진 곳에 까만 고양이 한 마리가 엎드려 있는 것이 눈에 띄었습니다.
"애앵, 애앵, 애애앵."
고양이는 계속해서 울부짖었습니다. 그것은 소리가 아니라 거의 비명처럼 들렸습니다. 나도 모르게 가까이 다가갔습니다. 허리를 굽히고 들여다보니 몸집이 작은 새끼 고양이였습니다. 어디인가 많이 아픈 것 같았습니다.

(나) "미나야."
죽어 가는 새끼 고양이의 이야기를 하는데, 콧등이 시큰해지며 눈물이 핑 돌았습니다.
"그래서?"
미나는 나를 빤히 쳐다보았습니다. 미나라면 당장 새끼 고양이를 데리러 가자고 할 줄 알았습니다. 그런데 미나는 '그래서 어쨌다고?' 하는 표정이었습니다.
ⓒ화가 나서 나도 모르게 목소리가 날카로워졌습니다.
"너는 새끼 고양이가 불쌍하지도 않니?"
"그렇게 새끼 고양이가 불쌍하면 네가 데려다 주면 되잖아? 네 돈으로 치료해 주고, 네가 데려다 길러."
미나는 뾰로통하여 가시처럼 톡 쏘아붙였습니다.
"내가?"
말문이 막혔습니다. 할 말이 없어 그냥 미나네 집을 나왔습니다.

(다) 저녁때였습니다. 밥맛이 없어 몇 숟가락 뜨다가 말았습니다. 어머니께서는 "밥보가 웬일이야?" 하며 웃으셨습니다. 식사를 마치고 나자, 언니가 내게 눈짓을 보냈습니다.
"고양이가 있는 곳이 어디야?"
언니는 검정 비닐봉지와 꽃삽을 들고 나를 재촉하였습니다.
"정말 언니가 같이 갈 거야?"
"밥도 안 먹고 그러는 너를 보니 아무래도 용감한 이 언니가 도와주어야겠어. 고양이가 살았다면 병원에 데려다 주고, 죽었다면 땅에

묻어 주자."
나는 그때처럼 언니가 고마운 적이 없었습니다.
"요 맹꽁이야, 그렇게 마음이 아프면 용기를 내야지. 너 같은 사람을 뭐라고 그러는지 알아? 죽은 휴머니스트라고 그러는 거야."
언니는 핀잔을 주듯 나에게 눈을 흘겼습니다. 나는 언니의 말뜻을 어렴풋이 알 것 같았습니다. 행동은 안 하고, 동정만 하는 사람! 뭐 그런 뜻일 것이라고 생각하였습니다.

5 글 (가)를 이야기의 구성 요소를 중심으로 정리할 때 빈칸에 들어갈 알맞은 말을 쓰시오.

배경	•시간:	•배경:
인물		
사건		

6 '나'는 미나가 어떤 행동을 보일 거라고 예상하였습니까?

_____

7 '나'가 ⓒ과 같이 화가 난 까닭은 무엇인지 쓰시오.

_____

8 다음은 '나'가 생각한 '죽은 휴머니스트'의 뜻입니다. 여러분이 생각하는 '죽은 휴머니스트'의 뜻은 무엇인지 30자 내외로 쓰시오.

죽은 휴머니스트란 _____

_____

02 하나씩 배우며

※ 다음 글을 읽고, 함께 생각해 봅시다.

훈맹정음을 만든 박두성

일제 강점기 때 박두성은 시각 장애인을 가르치는 선생님이었습니다. 그리고 평생을 시각 장애인을 가르치고 이끄는 일만 생각하였습니다. 그런데 그 당시에는 일본어 점자를 가르쳐야 하였습니다.

박두성은,

'잘못 만들어진 점자에 한번 길들여지면 맹인들의 손끝 감각은 다시 고치기가 어려울 거야. 제대로 된 온전한 한글 점자를 만들어야 해.'

라고 생각하며 한글 점자 연구에 빠져 들었습니다.

1923년 4월, 박두성은 제자들과 함께 비밀리에 '조선어점자연구위원회'를 만들었습니다. 깨알 같은 점자를 들여다보며 읽고 다시 점자로 옮기느라 심한 눈병에 걸리기도 하였습니다. 그러나 한글 점자 연구는 멈출 수 없었습니다.

1926년 8월, 마침내 '훈맹정음'이 세상에 나왔습니다.

▲ 훈맹정음   ▲ 박두성

1 박두성이 한글 점자를 만들게 된 까닭은 무엇인지 쓰시오.

_____

2 이 글을 일이 일어난 차례대로 간추린 것입니다. 빈칸에 들어갈 알맞은 내용을 쓰시오.

박두성은 일제 강점기 때 시각 장애인에게 일본어 점자를 가르쳤다. _____

_____. 박두성은 '조선어 점자 연구위원회'를

만들어 연구하였다. _____.

※ 다음 글을 읽고, 함께 생각해 봅시다.

(가) 씨름은 우리 민족이 오래전부터 제례 행사의 여흥으로 즐겼던 놀이입니다. 특히, 음력 5월 5일 단오가 되면 마을마다 모래사장이나 잔디밭에 수많은 사람이 모여 힘겨루기 놀이를 보며 즐거워하였습니다. 씨름은 이처럼 민중 오락으로서 서민들의 각별한 사랑을 받았기 때문에 지금까지도 그 생명을 끈질기게 유지하고 있습니다.

(나) 김홍도(1745~?) : 호는 단원, 조선 시대의 화가.

빨래하는 여인들, 둥그렇게 둘러앉아 씨름을 구경하는 사람들, 무서운 훈장님 앞에서 벌받는 친구를 보며 웃음을 참느라 입을 꾹 다물고 있는 아이들……. 어디에서인가 이러한 내용을 담은 그림들을 본 적이 있을 것입니다. 이렇게 우리 생활 속의 모습을 꾸밈없이 그린 그림을 '풍속화'라고 합니다. 조선 후기에는 풍속화가 매우 유행하였습니다. 주로 서민들의 모습이 담긴 풍속화를 가장 잘 그린 화가가 김홍도입니다.

3 사전의 종류를 보고, 글 (가)와 글 (나)의 내용을 찾으려면 각각 어떤 사전을 찾아야 하는지 쓰시오

사전의 종류	사전을 활용하는 경우
국어사전	어려운 낱말의 뜻을 찾을 때
백과사전	자세하고 깊이 있는 정보를 찾을 때
인명사전	위인이나 인물에 대하여 조사할 때
민속놀이 사전	우리나라의 전통 민속이나 민속놀이에 대하여 알아볼 때

(가)

(나)

03 서로 다른 의견

※ 다음 글을 읽고, 물음에 답하시오.

학급 회의 절차

회장 : '깨끗한 교실 만들기'를 제안한 친구는 그 까닭을 설명하여 주십시오.
제안자 : 요즈음 교실이 너무 지저분합니다. 그래서 이런 제안을 하였습니다.
회장 : 깨끗한 교실을 만들려면 어떻게 하면 좋을지 토의하겠습니다. 좋은 의견을 말씀하여 주시기 바랍니다.
친구 1 : 교실에 쓰레기가 떨어져 있어 지저분합니다. 그래서 청소를 잘해야 한다고 생각합니다.
친구들 : 재청합니다.
회장 : 재청이 들어왔으므로 받아들이겠습니다. 다른 의견 없습니까?
㉠ 친구 2 : 청소를 자주 하지 않아서 교실이 지저분합니다. 그러므로 쉬는 시간마다 청소를 하면 좋겠습니다.
친구 3 : 저는 생각이 좀 다릅니다. 쉬는 시간은 앞 시간에 공부한 것을 정리하고 쉬면서 다음 공부를 준비하는 것입니다. 쉬는 시간마다 청소를 하는 것은 옳지 않습니다. 그 방법보다는 청소 당번들이 시간을 정하여 열심히 청소를 하는 것이 낫다고 생각합니다.
친구들 : 재청합니다.
회장 : 재청이 들어왔으므로 받아들이겠습니다.

1 제안자가 '깨끗한 교실 만들기'를 제안한 까닭은 무엇인지 쓰시오.

2 ㉠은 회의 학급 회의 절차 중 '의제 토의'에 해당합니다. 학급 회의 절차 중 의제 토의 때 하는 일을 50자 내외로 정리하시오.

※ 다음 글을 읽고, 물음에 답하시오.

(가) 어제 만강에 댐을 건설할 수 있는지 알아보기 위하여 도청 아저씨들께서 우리 마을을 방문하셨습니다. 아저씨들께서는 지난해 비가 많이 와서 만강 하루에 있는 도시에 물난리가 났다고 말씀하셨습니다. 홍수를 막으려면 우리 마을에 댐을 건설하여야 한다고 합니다.

하지만 저는 댐을 건설하는 것에 반대합니다. 우리 상수리에 댐을 건설하면 숲에 사는 동물들과 새들은 살 곳을 잃고, 만강의 물고기들도 다시는 볼 수 없게 될 것입니다. 또, 마을 어른들께서는 평생 살아온 고향을 떠나야 한다고 말씀하십니다. 우리 마을에 댐을 건설하기로 한 계획을 취소하여 주시기 바랍니다.

(나) 댐을 건설하는 것은 상수리 마을 주민들만의 문제가 아니라 우리 지역 전체의 문제입니다.

만강에 댐을 건설하면 여름철 폭우로 생기는 문제를 막을 수 있습니다. 비가 내리는 대로 강을 따라 흘러가게 내버려 두면, 강 하류에서는 강물이 넘쳐 논과 밭이 빗물에 잠기기도 합니다. 또, 집과 길이 부서지고, 심지어 사람의 목숨까지 빼앗아 갈 만큼 위험합니다. 하지만, 댐을 건설하면 홍수로 인한 피해를 막을 수 있습니다.

3 글 (가)와 (나)를 다음과 같이 정리할 때 빈칸에 들어갈 알맞은 내용을 쓰시오.

	의견	까닭
(가) 효은	댐 건설을 반대한다.	
(나) 도청 아저씨		• 여름철 폭우로 생기는 문제를 막을 수 있다. • 홍수로 인한 피해를 막을 수 있다.

4 글 (가)의 글쓴이의 의견과 글 (나)의 글쓴이의 의견 중 누구의 의견이 더 적절하다고 생각하는지 까닭과 함께 쓰시오.

글 ( )의 글쓴이의 의견이 적절하다고 생각한다. 왜냐하면

01 경제 생활과 바람직한 선택

❶ 현명한 선택

1 다음 글을 읽고, 우리가 경제 생활에서 끊임없이 크고 작은 선택의 문제를 겪는 까닭은 무엇인지 쓰시오.

> 한결이는 햄버거도 먹고 싶고 '걸리버 여행기'도 사고 싶습니다. 그러나 한결이가 가진 돈은 1만 원이 전부입니다. 한결이가 먹고 싶은 햄버거는 3천 5백 원이고, 사고 싶은 걸리버 여행기는 9천 원이라 햄버거도 먹고 걸리버 여행기도 살 수는 없습니다. 한결이는 햄버거를 먹을지 걸리버 여행기를 살지 고민하고 또 고민합니다. 한결이에게 돈이 풍족하다면 이런 고민은 하지 않아도 될 텐데 말이지요.

_____

_____

2 곰곰이 어머니가 주방 세제를 구입할 때, 고려한 점은 무엇인지 쓰시오.

> 곰곰 : 어머니, 이 세제가 좋을 것 같아요. 이 세제로 해요.
> 어머니 : 이 세제는 환경 마크가 안 붙어 있어서 안 되겠는데.
> 곰곰 : 세제에 왜 환경 마크가 붙어 있어야 해요?
> 어머니 : 환경 마크가 붙어 있는 세제가 환경을 덜 오염시킬 것 같아서 그걸 선택하려고 하는 거란다.

_____

_____

2 생산 활동과 직업의 세계

3 다음과 같은 직업이 사라진 까닭을 각각 쓰시오.

물건을 날라 주는 지게꾼:

물건을 보자기에 싸서 등에 메고 다니며 파는 보부상:

4 다음 공익 광고에서 알 수 있듯이 우리 사회는 점점 고령화 사회로 변화하고 있습니다. 이렇게 고령화 되어 가는 미래 사회에 필요한 직업에는 어떤 것들이 있는지 두 가지만 쓰시오.

아이보다 어른이 많은 나라, 상상해 보셨나요? 2004년 OECD 국가 중 최저 출산율의 나라, 세계에서 고령화가 가장 빨리 진행 중인 나라. 2060년 노인인구비율이 37.3%에 이르는 나라. 그곳이 다름 아닌 우리나라입니다.

3 가정의 살림살이

5 다음 글을 읽고, 근로 소득과 사업 소득과 재산 소득을 각각 설명해 보시오.

> 알뜰이네 아버지는 은행에서 일을 하시는 은행원이에요. 알뜰이네 아버지가 은행에서 일을 하고 받는 돈을 '근로 소득'이라고 해요. 그리고 알뜰이네 어머니는 보들보들 빵집을 하세요. 알뜰이네 어머니가 빵집을 운영하여 벌어들이는 돈은 '사업 소득'이라고 하지요. 알뜰이네 엄마 아빠는 열심히 번 돈을 은행에 저축해서 꽤 많은 돈의 이자를 받아요. 알뜰이네 엄마 아빠가 은행에 저축을 하여 생긴 이자를 '재산 소득'이라고 해요.

(1) 근로 소득 : _____

(2) 사업 소득 : _____

(3) 재산 소득 : _____

6 다음은 소득이 같은 두 가정의 소득의 쓰임새를 나타낸 것입니다. (가) 가정과 (나) 가정의 소득의 쓰임새가 어떻게 다른지 쓰고, (가) 가정과 같이 생활했을 때 어떤 문제가 생길지 쓰시오.

	소득	소비	저축
(가) 가정	350만 원	• 식료품비 : 80만 원 • 교통·통신비 45만 원 • 교육비 및 문화 생활비 : 80만 원 • 아파트 관리비 : 25만 원 • 보건·의료비 : 10만 원 • 의류비 : 70만 원　　• 기타 : 20만 원	알뜰살뜰 저축 : 20만 원
(나) 가정	350만 원	• 식료품비 : 40만 원 • 교통·통신비 : 30만 원 • 교육비 및 문화 생활비 : 50만 원 • 아파트 관리비 : 25만 원 • 보건·의료비 : 10만 원 • 의류비 : 20만 원　　• 기타 : 20만 원	• 차곡차곡 저축 : 100만 원 • 내 집 마련 저축 : 55만 원

• (가) 가정과 (나) 가정의 차이점 : _____

• (가) 가정의 문제점 : _____

02 여러 지역의 생활

① 촌락의 생활 모습

1 다음과 같이 농촌, 어촌, 산지촌의 발달한 산업이 다른 까닭을 30자 내외로 쓰시오.

▲ 농업　　　　▲ 어업　　　　▲ 임업

2 다음과 같이 '다른 일을 하던 사람이 그 일을 그만두고 농사를 지으려고 농촌으로 돌아가는 현상'인 귀농 인구가 증가하는 까닭은 무엇인지 한 가지만 쓰시오.

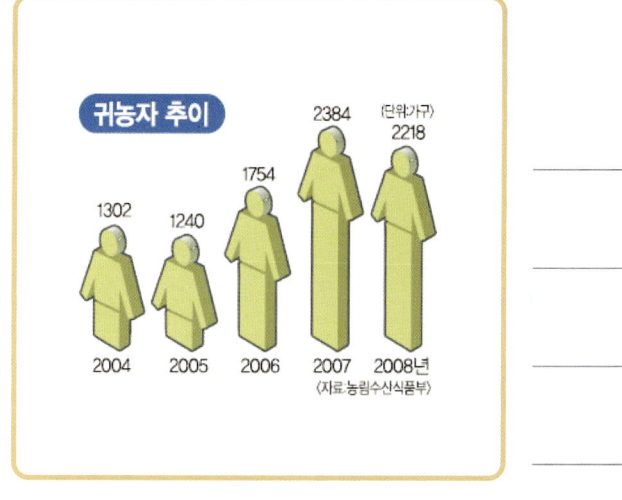

3 도시가 일정 공간에 흩어져 있는 정도를 나타낸 도시 분포도를 보고 우리나라 도시들은 주로 어디에 발달해 있는지 쓰시오.

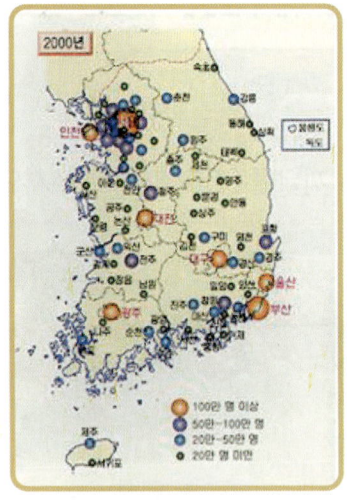

4 우리나라 도시의 발달 과정을 나타낸 지도를 보고 알 수 있는 사실 한 가지를 쓰시오.

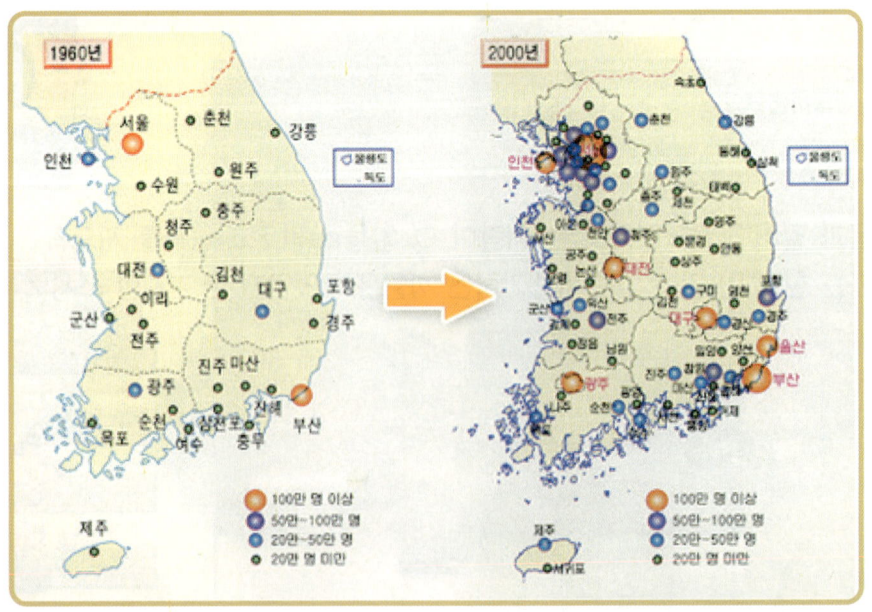

01 식물의 세계

① 식물의 생김새

1 다음 식물들의 이름은 어떻게 붙여진 것인지 설명해 보시오.

할미꽃	은방울꽃	칠엽수
꽃의 머리가 굽어 있고, 흰 털로 덮인 모습이 할머니의 하얀 머리카락 같다.	꽃의 모양이 흰색 방울처럼 생겼다.	잎이 일곱 개로 갈라져 큰 잎을 이루고 있다.

2 다음은 잎을 무엇에 따라 분류한 것인지 쓰시오.

마주나기잎	줄기에 잎이 두 장씩 마주 보면서 남.		개나리
어긋나기잎	줄기에 잎이 한 장씩 어긋나게 붙어 남.		참나리
돌려나기잎	줄기에 잎이 세 장 이상 돌려남.		잔대
무리지어나기 잎	여러 장의 잎이 줄기의 한 부분에 무리지어 남.		은행나무

3 꽃잎의 모양에 따라 다음과 같이 통꽃과 갈래꽃으로 나눌 수 있습니다. 사진을 잘 보고 통꽃과 갈래꽃은 무엇인지 설명하시오.

- 통꽃 : _____

- 갈래꽃 : _____

4 다음 세 식물들은 어떤 방법으로 씨가 퍼지는 식물인지 쓰시오.

▲ 민들레   ▲ 단풍나무   ▲ 소나무

❷ 식물이 사는 곳

5 다음 사진을 보고, 들에 사는 식물과 숲에 사는 식물의 차이점 한 가지를 쓰시오.

_____

_____

6 사막에 사는 식물들은 다음과 같은 특징을 갖고 있습니다. 사막에 사는 식물이 다음과 같은 특징을 갖고 있는 까닭을 한 가지 쓰시오.

- 물의 증발을 막기 위해서 작거나 뾰족한 잎을 가지고 있음.
- 초식 동물이 뜯어먹지 못하도록 뾰족한 잎을 가지고 있음.
- 물을 저장하기 위해서 굵은 줄기를 가지고 있음.

_____

_____

02 지층과 화석

① 층층이 쌓인 지층과 그 속의 암석

1 다음과 같이 지층이 구부러지고 끊어지며 모양이 변하는 까닭은 무엇인지 쓰시오.

▲ 구부러진 지층(습곡)

▲ 끊어진 지층 (단층)

___

2 다음 실험에서 퇴적암이 단단하게 굳어질 수 있었던 이유는 무엇인지 두 가지를 쓰시오.

[과정]
① 페트병의 가운데를 가로로 자릅니다.
② 자갈과 모래 사이의 공간을 채워서 서로 붙게 할 풀(액체)을 페트병에 붓고, 골고루 섞은 모래와 자갈을 넣습니다.
③ 알갱이 사이의 공간을 줄이기 위해 손으로 모래와 자갈 반죽을 누릅니다.
④ 1~2일 동안 그대로 놓아둔 다음, 모래와 자갈 반죽을 꺼냅니다.

[결과]
1~2일이 지난 후, 풀을 섞은 모래와 자갈이 단단하게 굳습니다.

___

② 암석 속에 있는 생물의 흔적

3 다음 글을 읽고, 화석을 통해 알 수 있는 것 두 가지를 쓰시오.

> 화석은 과거에 살았던 생물의 몸체나 흔적이 암석이나 지층 속에 남아 있는 것이다. 화석은 '돌로 변했다.'는 뜻이지만 돌로 변하지 않았더라도 약 1만 년 이전에 살았던 생물의 몸체나 흔적이 남아 있는 것을 모두 화석이라고 한다. 화석은 크게 동물 화석과 식물 화석으로 구분하는데 동물 화석은 오늘날의 동물과 비슷한 모습을 하고 있고, 식물은 현재 식물과 비슷한 모습을 하고 있다.

▲ 암모나이트 화석　　▲ 고사리 화석　　▲ 호박 속의 곤충 화석

_____

_____

4 다음과 같은 조개 화석이 높은 산에서 발견되는 까닭은 무엇인지 쓰시오.

_____

_____

_____

_____

※ 들어가기 전에 – 이 책은 다양한 개성적인 반응과 답변을 유도하는 데 목적이 있으므로, 단 하나의 유일한 정답이 없는 문항들도 많습니다. 그러므로 〈정답의 방향〉을 가늠하는 참고 자료로 활용해 주시기 바랍니다.

week 01
발상사고혁명
소년이여, 야망을 가져라!
05 쪽

적극적 사고를 하자

G·U·I·D·E 어려운 상황에서도 그것을 극복하려고 노력하는 자세와 희망을 가질 수 있도록 합니다.

01 어려운 일과 불가능한 일

G·U·I·D·E 어려운 상황에서도 절망하지 않는 태도와 지혜를 압니다.

1 덩치 큰 골리앗을 두려워하지 않고 자신의 입장에서 골리앗을 이길 수 있는 방법을 생각했다. 그리고 용감하게 실천했다.

2 수학 경시 대회에 나가 보라는 권유를 받았지만 꼴등을 하면 창피할까봐 출전하지 않았다. / 가족 모두 거북이 마라톤에 도전했는데, 너무 힘들 것 같아서 나만 나가지 않았다. 등

02 왜 절망해야 하지요?

G·U·I·D·E 큰 점수 차로 경기에 지고 있지만 끝까지 경기를 포기하지 않는 어린아이의 이야기입니다.

1 아직 아이의 팀은 공격을 한 번도 하지 않았으니, 공격을 시작하면 경기 결과가 달라질 수 있기 때문에.

2 공격의 기회가 남아 있기는 하지만 점수 차이가 너무 커서 공격할 힘도 없을 것 같다. 등

3 누가 보더라도 절망적인 상황인데, 끝까지 희망을 버리지 않는 것이 놀랍다. 만약 팀 선수 모두가 저런 마음이라면 경기 결과는 충분히 달라질 수 있을 것 같다. 등

4 절망적으로만 생각하면, 일이 안 되는 쪽으로만 생각하게 되어, 결국 그만큼 노력도 안 하게 된다. 하지만 밝고 긍정적인 마음으로 어려운 상황을 더 힘껏 노력해서 헤쳐나가면 그 상황을 좋게 바꿀 수 있다.

5 어려움이 닥쳐도 견딜 수 있는 인내, 지혜로운 생각, 노력. 등

03 열등생에 머물 뻔한 아인슈타인

G·U·I·D·E 아인슈타인이 어린 시절 이야기를 통해 그가 천재 과학자로 성장할 수 있었던 까닭을 알 수 있습니다.

1 아직 자라고 있는 아이의 가능성을 보지 않고 단정지어 버리는 태도가 잘못되었다.

2 아인슈타인이 포기하지 않도록 용기를 준 어머니의 격려와 본인의 노력.

3 형 → 축구 시합에서 골키퍼를 하던 내가 골을 막지 못해 졌을 때, 형은 시합은 다음에도 있는 것이고, 축구는 혼자 하는 경기가 아니니까 나만의 잘못은 아니라고 이야기해 줬다.

04 백만장자들의 생활 원칙!

G·U·I·D·E 목표를 세우고 그것을 이루기 위해 성실하게 노력하는 자세의 중요성을 압니다.

1 성실하게 자신의 일을 열심히 하는 것.

2 꿈을 버리지 않았다. 자신의 일을 열심히 했다.

3 성악가가 되고 싶다. → 노래 연습을 열심히 한다. 레슨 시간을 잘 지킨다. 목소리에 좋은 음식을 먹는다. 등

새롭게 생각해요
그건 짐이 아니라 날개야!

G·U·I·D·E 자신의 장점을 파악하지 못하고 불평하는 새의 태도를 비판합니다.

1 적을 피할 수 있도록 날개를 주었는데, 새가 그것은 알지 못하고 날개의 불편한 점만 갖고 불평을 해서.

2 자기가 가진 것에 대한 좋은 점은 보지 않고, 나쁜 점만 생각하는 새의 태도가 잘못되었다고 생각한다.

발상 사고 혁명 plus
난 소중하니까!

G·U·I·D·E 십만 원짜리 수표를 이용해서 학생들이 자신의 가치를 생각할 수 있게 한 교수님의 일화.

1 나는 하나밖에 없는 부모님의 딸이다. / 이 세상에는 나와 똑같은 사람이 존재하지 않는다. / 나와 같이 생각하거나, 나를 대신할 사람이 아무도 없다.

week 02
교과서 논술 01
주제를 찾아라
13쪽

내 눈으로 보는 교과서
01 주제란 무엇인가

1 자신이 먹지 못하더라도 자식이나 이웃들이 배를 먹을 수 있도록 하기 위해서

2 일 년을 보고 농사를 짓고, 십 년을 보고 나무를 심고, 백 년을 보고 인재를 기른다고 하지 않던가?

G·U·I·D·E 미래를 위해 준비하는 삶의 자세가 드러난 문장을 찾으면 됩니다.

열린교과서

1 다른 사람이 불빛을 보고 부딪치지 않게 하기 위해서

2 ③
G·U·I·D·E 다른 사람을 배려하여 등불을 들고 다니는 앞 못 보는 사람을 통해 다른 사람을 배려하는 마음이 필요하다는 교훈을 얻을 수 있습니다.

02 분위기 살려 시 읽기

1 ④
G·U·I·D·E 시의 분위기를 파악할 때에는 시의 글감과 배경을 생각하며 장면을 떠올려 보고, 떠오르는 장면이나 느껴지는 기분을 중심으로 시의 분위기를 파악합니다.

2 다른 나라에서 결혼하러 온 아주머니들

3 ⑤
G·U·I·D·E 외국에서 시집온 동네 아주머니들을 다른 나라에서 들여온 꽃에 비유하며 다른 먼 곳에서 왔지만 해마다 어울려 꽃피우는 꽃들처럼 다른 나라에서 온 아주머니들도 잘 어울려 살 수 있다는 것을 의미합니다.

열린교과서

1 피부색이 다르고 언어가 달라도 우리땅에 사는 외국인들도 대한민국 국민이다.
G·U·I·D·E 대한민국은 이제 우리끼리만 사는 세상이 아닙니다. 우리와 언어가 조금 다르고, 피부색도 조금 다르지만, 우리 땅에 사는 외국인들도 대한민국 국민들입니다. 민족과 인종을 넘어 다양한 문화가 함께 공존하는 우리 사회가 되어야 합니다. 이 공익 광고는 외국인들도 함께 어울려 살아야 한다는 것을 말하고 있습니다.

03 이야기는 무엇으로 이루어져 있나

1 ④
G·U·I·D·E 이 이야기는 토요일 오후, 집으로 돌아오는 길모퉁이에서 '나'가 겪은 일입니다.

2 ③

3 ⑤

4 토요일 오후, '나'는 집으로 돌아오는 길모퉁이에서 아픈 새끼 고양이를 만났다.

5 ④
G·U·I·D·E '나'가 한 몸짓은 '내' 고양이가 아니라는 몸짓입니다.

6 ①

7 집 앞 모퉁이길 → 동물 병원
G·U·I·D·E 글 ❸에서는 집으로 돌아오는 길모퉁이가 사건이 일어나는 장소였는데 글 ❹에서는 동물 병원으로 장소가 바뀌었습니다.

8 열이 펄펄 날지도 모르고, 지저분한 새끼 고양이를 병원까지 데리고 오는 일

9 ⑤
G·U·I·D·E '맹꽁이'는 야무지지 못하고 말이나 하는 짓이 답답한 사람을 놀리는 말로 쓰이기도 하는 낱말입니다. 언니가 '나'를 맹꽁이라고 부른 까닭은 마음만 아파하고 용기를 내지 못하는 모습이 답답하였기 때문입니다.

10 용감하고 적극적이다.
   G·U·I·D·E 검정 비닐봉지와 꽃삽을 들고 '나'를 재촉하는 행동과 '고양이가 살았다면 병원에 데려다 주고, 죽었다면 땅에 묻어 주자'고 말하는 것을 통해 용감하고 적극적인 성격임을 알 수 있습니다.

11 행동은 안 하고 동정만 하는 사람

week 03
독서 클리닉
곤충들의 친구, 파브르
23쪽

탐구 정신을 본받아요
01 파브르의 어린 시절

G·U·I·D·E 파브르가 쓴 곤충기를 읽고, 곤충에 대한 이해를 넓히고 관심을 갖는 계기를 마련합니다.

1 무엇이든 한번 마음먹으면 해내고야 마는 성격이다. / 끈기 있고 인내심이 많다. / 탐구심이 많고 포기하지 않는 성격이다.

2 자동차에 관심이 있어서 세계 자동차에 대한 자료들을 수집한 적이 있다. / 우주에 대해 알고 싶어서 그에 관련된 책을 모두 찾아 읽었던 적이 있다.

3 자동차에 관심이 있어 큰 자동차 회사의 사장이 되고 싶다. / 우주에 대한 현상들에 관심이 있어서 천문학자가 되고 싶다.

02 당신은 진정한 과학자

1 자신을 지키기 위해서

2 벼룩, 이, 빈대, 모기, 파리매, 침파리, 쇠파리, 벌류, 개미류, 거미류, 딱정벌레류,

독나방류 등

3 자신이 연구하는 분야에 대해서 자신의 몸을 아끼지 않는 것이 진정한 학자의 자세라고 생각한다.

03 넌, 내 손 안에 있다

1 자기집에 있는 독거미를 낚는 방법

2 땅에서 수직으로 내려가다 갈고리 모양으로 구부러져 있는 30cm 정도 되는 구멍이다. 구멍의 지름은 3cm 정도 되고 입구에는 나뭇잎 등으로 울타리가 쳐져 있다.

3 이삭이 달린 풀, 뒹벌

한걸음 더
파브르의 《곤충기》를 읽고

G·U·I·D·E 4학년 어린이가 파브르의 곤충기를 읽고 쓴 독서 감상문입니다. 파브르의 일생과 곤충기 중 가장 재미있게 읽었던 곳, 곤충기에 대한 느낌 등이 아주 잘 표현된 글입니다.

1 곤충들을 사람들에게 피해를 주는 '몹쓸 녀석들'로 알고 있었는데 곤충기를 읽고 우리 지구상에서 없어서는 안 될 '쓸모 있는 녀석들'로 생각이 바뀌었다.

2 곤충의 세계에서도 강자와 약자를 지배한다. / 먹고 먹히는 관계가 있기에 지구에 존재하는 모든 것들이 서로 비례를 맞추어 살 수 있는 것이다.

독서 클리닉 plus
탐구 보고서 쓰기

1 G·U·I·D·E 탐구 보고서 쓰는 요령

· 가. 탐구 주제
탐구할 주제와 활동 목표가 짧은 글 속에 나타나도록 쓴다.

· 나. 탐구하게 된 동기
어떤 계기에서 탐구를 시작하게 되었는가 하는 전체 탐구 활동의 겉모습이 확연히 드러나도록 쓴다.

· 다. 탐구를 통하여 알아보고 싶은 점
알아보고 싶은 점이 여러 개 있으면 번호를 붙여서 간결하게 나타내고, 탐구를 통해 해결하고 싶은 점을 나타내면 더욱 좋다.

· 라. 탐구 실행 방법
탐구 실행 방법을 쓸 때에는 탐구한 과정이 날짜별, 작업별로 잘 나타나도록 기록한다.

· 마. 탐구 내용과 결과 정리
탐구 활동을 한 내용을 정리하여 모두 제시한다.

· 바. 탐구를 통하여 알게 된 점, 느낀 점
탐구 활동을 한 결과 알게 된 점이나 느낀 점을 결론과 관계없이 간략하게 쓴다.

week 04
교과서 논술 02
어떻게 줄일까
33 쪽

내 눈으로 보는 교과서
01 간추려 보아요

1 ②

2 ⑤
G·U·I·D·E 루이 브라유가 어떻게 점자 알파벳을 만들게 되었는지에 대하여 쓴 글이므로 루이브라유가 점자 알파벳을 만들게 된 원인과 결과가 꼭 나타나야 합니다.

3 돋을새김된 열두 개의 점을 사용하여 단어를 소리 나는 대로 표시하는 글자 / 많은 단어를 쓰거나 읽을 수 없는 글자

4 여섯 개의 점만으로 알파벳 스물여섯 글자를 표현할 수 있는 새로운 점자

5 열 살 때 '왕립맹아학교'에 입학하여 돋을새김 글자와 야간문자를 배웠으나 사용하기에 불편하였다.
G·U·I·D·E 어릴 때 앞을 못 보게 되어 열 살 때 돋을새김 글자와 야간 문자를 배웠고 그 문자의 한계를 발견하고 시각 장애인이 편리하게 읽을 수 있는 점자를 만드는 노력을 하게 되었습니다.

02 인명사전에서 찾은 인물

1 ⑤

2 ③

3 ④

4 웃음과 해학이 넘치는 정겨운 모습들이 잘 나타나 있다.

03 사전을 활용하라

1 몽이
G·U·I·D·E 한옥은 각 방마다 온돌이 갖추어져 있고, 집의 재료를 자연에서 구하였으며 지방마다 구조가 조금씩 다릅니다. 그리고 한옥의 형태나 규모는 그 집에 사는 사람들의 생활이나 신분, 경제력에 따라 크게 다릅니다.

2 ④

3 (1) 국어사전
　(2) 민속 도감

4 지방마다 날씨가 다르기 때문에
G·U·I·D·E 지방마다 날씨가 다르기 때문에 그에 맞게 한옥의 구조도 조금씩 다른 것입니다.

5 ③

6 (1) — ㉢
　(2) — ㉠
　(3) — ㉡

7 • 초가지붕 : 여름에는 태양열을 막아 주고, 겨울에는 내부의 온기가 밖으로 빠져나가지 못하게 한다.
　• 너와 지붕 : 공기가 잘 통하고 열이 빠져나가는 것을 막아 준다.

열린교과서

1 방과 방 사이를 연결함. / 집안의 행사를 치름.

2 아랫사람들에게 위엄 있고 권위 있게 보이기 위해

교과서 탐구
현명한 선택

1 ③
G·U·I·D·E 경제 활동은 생활에 필요한 여러 가지 것들을 만들어 내고, 이것들을 사고팔거나 사용하는 것과 관련된 모든 활동을 말합니다. 다음은 경제 활동 중에서 소비 활동에 해당합니다.

2 생산자

3 ③, ④
G·U·I·D·E 우리가 살면서 여러 가지 선택의 문제를 겪는 까닭은 사람들이 필요로 하거나 원하는 것들은 많은 데 비해, 그러한 것들을 얻는데 필요한 자원과 돈이 부족하거나 한정되어 이기 때문입니다.

4 ⑤
G·U·I·D·E 선택 기준을 세울 때에는 사고자 하는 물건이 무엇인지 생각해 보고, 그것에 알맞은 선택 기준을 세워야 합니다.

5 사람마다 중요하게 생각하는 것이 다르기 때문에
G·U·I·D·E 사람마다 중요하게 생각하는 것이 다르기 때문에 다른 선택을 하는 것입니다.

6 사회에 필요한 물건이나 서비스를 생산하여 이윤을 얻는 조직

7 생산한 물건을 홍보하여 많은 이익을 얻기 위해서
G·U·I·D·E 기업은 생산한 제품을 알려 이익을 얻기 위해 다양한 홍보 활동을 합니다.

week 05
영재 클리닉 01
살 것이냐 말 것이냐
43 쪽

도비라
G·U·I·D·E 물건을 구입할 때에는 구입한 상품의 소비로부터 얻은 만족감과 상품의 가격을 비교하여 제한된 예산 범위 내에서 만족이 가장 커지도록, 즉 지출하는 돈의 가치가 가장 크게 되도록 구매 결정을 해야 합니다. 만약 MP3플레이어를 산다면 가격, 디자인, 성능, 무상 수리 기간 등 을 알아보아야 합니다.

8 ③

G·U·I·D·E 가정에서 소득을 얻는 방법은 회사에서 일을 해서 월급을 받거나 가게나 회사를 운영하여 돈을 벌거나, 농산물을 생산하여 돈을 버는 방법이 있고, 재산을 이용해 얻는 소득이 있습니다. 은행에 저축을 하여 생긴 이자나 집이나 땅, 건물을 다른 사람에게 받은 돈이 재산 소득에 해당합니다.

9 미래를 대비할 수 있다. / 이자를 받을 수 있어서 재산을 불려 나갈 수 있다.

Step by Step
01 양이 적다고 다 귀한 건 아니야

1 파파야는 원하는 사람이 없지만 바나나는 원하는 사람이 많기 때문이다.

G·U·I·D·E 희소성은 무한한 욕망에 비해 그 욕망을 충족시켜 주는 재화나 서비스가 부족한 현상을 말합니다. 하지만 무조건 양이 적다고 해서 무조건 희소성의 원칙이 적용되는 것은 아닙니다. 희소성의 정확한 의미는 소비 욕구는 많은 데 비해 공급할 수 있는 자원은 한계가 있다는 것입니다. 사람들이 파파야는 찾지 않고 바나나만 찾기 때문에 바나나가 희소성이 있는 것입니다.

02 하나를 선택하면 하나는 포기해야 한다

1 가방

G·U·I·D·E 어떤 선택을 할 때 포기하는 다른 것의 가치를 선택에 따른 기회비용이라고 합니다. 선택을 잘한다는 것은 기회비용을 올바로 계산하여 선택하는 것을 말합니다. 기회비용을 올바로 계산하여 선택을 잘하면 제한된 자원으로도 큰 만족을 얻을 수 있습니다.

2 가방

03 소비 생활은 경제의 윤활유

1 ③

G·U·I·D·E 박제가는 조선 후기의 실학자입니다. 박제가는 청나라에 다녀와서 '북학의'라는 책을 썼는데, 그 책에 '소비는 우물과도 같아서 퍼내면 퍼낼수록 물이 솟아나고, 퍼내지 않으면 물이 고여 썩는 것과 같이 썩는다.'는 내용을 담았습니다. 이것은 나라가 잘 살기 위해서는 상업이 발달해야 하고, 상업이 발달하려면 물건을 많이 만들어야 하고, 물건을 많이 만들려면 국민 한 명 한 명이 잘 살아서 소비를 해야 한다는 뜻입니다.

2 너무 지나치게 절약하여 소비를 하지 않으면 경제 활동이 점점 위축되어 경제가 성장하지 못하므로 적당한 소비를 해야 한다.

G·U·I·D·E 모든 사람들이 번 돈을 거의 쓰지 않고 저축만 하면 물건을 만들어도 팔리지 않고 창고에 가득 쌓이게 됩니다. 그래서 기업은 생산을 줄이게 되고, 생산이 줄어들면 일자리도 줄어들게 되어 일자리를 잃어서 돈을 벌지 못하게 된 사람들은 더욱 소비를 줄이게 되어 경제 활동이 점점 위축됩니다. 따라서 적당한 소비는 꼭 필요한 것입니다.

3 수입을 소비와 저축으로 나누고 꼭 필요한 곳에 합리적으로 쓰고 자신에게 맞는

예금을 한다.

G·U·I·D·E 소비와 저축은 가정의 경제뿐 아니라, 나라의 경제와도 관계가 깊습니다. 소비가 많아져 기업이 만든 물건이 많이 팔리면 기업은 번 돈으로 더 많은 물건을 만들어 내거나 새로운 사업을 합니다. 이 과정에서 자연스럽게 일자리가 늘어나고 사람들이 일자리를 얻게 되어 가정의 소득도 늘어나는 것입니다. 가정의 소득이 늘어나 소비가 늘어나면 또다시 기업의 이익과 가정의 소득이 늘어나 결국 나라 경제가 자라는 것입니다.

04 우리가 선택하는 걸까? 조종 당하는 걸까?

1 광고를 보고 필요하지도 않은 신발을 산 적이 있다.

2 사고자 하는 물건이 꼭 필요한 것인지 생각해 보고 그 물건의 가격과 다른 정보를 검토한 후에 소비를 한다.

week 06
교과서 논술 03
의견을 나누어요
53 쪽

내 눈으로 보는 교과서
01 학급 회의 절차

1 ⑤

2 • 의제 : 군것질 안 하기
 • 제안한 까닭 : 요즘 군것질을 하는 사람이 많기 때문에

G·U·I·D·E 김강희는 요즘 군것질하는 사람이 많다는 이유를 들어 '군것질 안 하기'라는 의견을 내었습니다.

3 ④

G·U·I·D·E 회의를 진행할 때에는 충분한 의제 토의를 통해 표결해야 하는데 부회장이 회장에게 표결을 재촉하였습니다.

4 ③

열린교과서

1 나는 봉선이의 의견과 비슷한 의견을 가지고 있습니다. 왜냐하면 과자보다 떡이 몸에 좋기 때문입니다.

G·U·I·D·E '11월 11일'을 빼빼로 대신 가래떡을 주고받는 날로 정하는 것에 대해 나는 어떤 의견을 가지고 있는지

타당한 까닭을 들어 자신의 의견을 써 봅니다.

02 글쓴이의 의견과 내 의견

1 ④

2 (1) — ㉢
　(2) — ㉠
　(3) — ㉡

3 • 세종 대왕이 한글을 만들어 누구나 쉽게 책을 읽고 쓰게 된 일.
　• 링컨이 평등을 중요하게 여기는 미국 사회를 만든 일.
　G·U·I·D·E 세종 대왕은 한글을 만들어 누구나 글을 쉽게 읽고 쓸 수 있는 세상으로 바꾸었고 링컨은 "톰 아저씨의 오두막"을 읽고 노예 제도가 비인간적임을 알고 평등을 주요하게 여기는 미국 사회를 만들었습니다.

열린교과서

1 책을 읽자.

2 '80일의 세계 일주'를 읽고, 세계를 누비는 여행자가 될 꿈을 갖게 되었다.

3 책을 많이 읽으면 간접 경험이 많아지고 새로운 세상을 많이 알게 되어 삶이 풍요로워지기 때문에 '독서의 높이가 삶의 높이'라는 말은 적절하다.
　G·U·I·D·E 공익 광고에서 주장하는 내용이 적절한지 판단하여 나의 의견을 씁니다.

03 글쓴이의 의견과 내 의견 비교하기

1 ⑤

2 ④

3 ④
　G·U·I·D·E 도청 아저씨는 폭우와 홍수로 생기는 문제를 막을 수 있기 때문에 댐 건설을 해야 한다고 주장하고 있습니다.

4 나는 효은이의 의견에 찬성합니다. 왜냐하면 한 번 훼손된 자연은 회복하는 데 많은 시간이 걸리기 때문입니다.

week 07
영재 클리닉 02
이야기가 숨어 있는 화석
63쪽

도비라
G·U·I·D·E '고대의 날개'라는 뜻의 시조새는 새의 조상으로, 현재까지 가장 오래된 새입니다. 시조새는 몸집이 작고 재빠른 육식 공룡으로부터 진화했다고 보고 있습니다. 새라고는 하지만 지금의 새와는 다른 점이 많은데, 가장 먼저 눈에 띄는 것이 부리에 날카로운 이빨이 있다는 점입니다. 그리고 날개에는 발톱이 있는 발가락이 달려 있습니다. 또한 가슴에 날개를 움직이는 근육을 받쳐 주는 흉골이 작다는 점입니다. 그러나 잘 발달된 깃털을 이용해 충분히 하늘을 날았을 것으로 보입니다. 새와 닮은 점도 많습니다. 먼저 깃털이 있다는 점, 지금의 새들처럼 눈 뒤의 관자놀이 구멍이 없다는 점, 온혈 동물이었다는 점을 들 수 있습니다.

교과서 탐구
지층과 화석

1 지층
  G·U·I·D·E 지층은 암석이 여러 층으로 쌓여 있는 것을 말하며, 주로 퇴적암에서 나타납니다. 지층은 산, 바닷가, 강가의 절벽에서 많이 발견됩니다.

2 ②
  G·U·I·D·E 지층은 식빵으로 만든 샌드위치와 비슷한 점이 많습니다. 샌드위치를 쌓으면 지층과 같이 줄무늬가 보이고 아래에 있는 층이 위에 있는 층보다 먼저 쌓인 것입니다. 그리고 층이 수평하게 쌓여 있습니다.

3 ③
  G·U·I·D·E 퇴적암은 물이나 바람에 의해 풍화된 알갱이인 퇴적물이 쌓여서 굳어진 암석으로 이암, 세일, 사암, 역암, 석회암 등이 있습니다. 퇴적암을 관찰할 때에는 단단하기, 암석의 색깔, 알갱이의 크기, 촉감 등을 살펴보아야 합니다.

4 석회암

5 ④
  G·U·I·D·E 화석은 과거에 살았던 생물의 몸체나 흔적이 암석이나 지층 속에 남아 있는 것을 말하는데 화석은 주로 퇴적암에서 많이 발견됩니다. 화석은 돌로 변하지 않았더라도 약 1만 년 이전에 살았던 생물의 몸체나 흔적이 남아 있는 것을 모두 화석이라고 합니다.

6 옛날과 오늘날의 고사리의 모양과 비슷하다.
  G·U·I·D·E 식물의 화석은 현재 살고 있는 식물과 비슷합니다. 나뭇잎, 고사리류 등과 같이 식물의 몸체나 흔적이 남아 있는 경우가 많습니다.

7 바다
  G·U·I·D·E 바다에 살던 삼엽충이 화

석으로 변한 뒤 지각 변동으로 인해 퇴적층이 땅 위로 올라오고 이후 침식 작용에 의해 깎이면서 화석이 드러납니다. 삼엽충 화석이 나온 지층은 아주 오랜 옛날에는 바다였음을 알 수 있습니다.

8 ④
G·U·I·D·E 화석은 침식 작용에 의해 지층이 깎이면서 화석이 드러나는 것입니다.

Step by Step
01 누구의 발자국일까?

1 공룡
G·U·I·D·E 이 사진은 경상남도 진동 고현리에서 발견된 공룡의 발자국을 찍은 것입니다. 아이들에게 공룡 발자국임을 미리 이야기해 주지 말고 자유롭게 상상하게 합니다.

2 발자국이 크고 움푹 들어간 것으로 보아 몸집이 크고 무거운 공룡이었을 것이라고 생각하였다.

3 진흙으로 이루어진 물렁물렁한 곳이었을 것이다.
G·U·I·D·E 공룡은 아주 오랜 옛날에 살았던 커다란 동물입니다. 아직 굳어지지 않은 진흙 펄과 같은 곳을 공룡이 지나가면서 발자국을 남겼고 이것이 굳어져서 화석이 된 후, 지표면 위로 드러난 것입니다.

02 화석이 있는 곳에 연료가 있다

1 과거의 생물이 변하여 연료가 되었기 때문에
G·U·I·D·E 우리가 연료로 사용하는 석탄이나 석유는 과거의 생물이 변하여 연료가 된 것으로 화석 연료라고 부릅니다. 석탄은 울창한 숲을 이루던 식물이 땅속에 묻히고, 그 위에 두꺼운 지층이 쌓이면 열과 압력을 받아 석탄이 됩니다. 석유는 작은 생물이 땅속에 묻히고, 그 위에 두꺼운 지층이 쌓이면 열과 압력을 받아 석유가 됩니다.

2 화석을 이용하면 화석 연료를 찾을 수 있다.
G·U·I·D·E 화석을 이용하면 석유나 석탄이 나오는 지층을 쉽게 찾을 수 있습니다.

03 슬픈 화석

1 화산 폭발 때문에
G·U·I·D·E 제정 로마 초기에 전성기를 맞이한 폼페이는 고대 도시로서는 규모가 상당히 컸으며, 인구는 2만~5만에 이른 것으로 추정됩니다. 폼페이에서는 대폭발이 있기 이전인 63년 2월에도 큰 지진이 일어나 큰 피해를 입었으며, 그 뒤 다시 복구되어 전보다 훨씬 훌륭한 도시로 재건되었으나, 79년 8월 베수비오 화산의 대폭발로 2~3m 두께의 화산력과 화산재가 시가지를 덮어버렸습니다.

2 그 시대 사람들의 신체와 얼굴 모양을 알 수 있다. / 그 시대의 생활 모습을 짐작할 수 있다.

week 08 논술 클리닉
세상은 마음먹기에 달렸다
71쪽

내 눈으로 보는 교과서
달라진 게 뭔데?

1 생각을 바꾸었기 때문이다

논술 에너지를 쌓아라

G·U·I·D·E 긍정적인 사고가 이끌어 낸 성공 사례를 보고, 자신의 태도가 어떠한지 반성해 볼 수 있는 기회를 갖는다.

01 '반밖에'와 '반이나'의 차이

1 반이나 남았다고 생각하는 사람

2 1번, 시간이 얼마 남지 않았다는 생각에 더 열심히 할 수 있지 않을까? 시간이 많이 남았다고 생각하면 나태해질 수도 있을 것 같다. / 2번, 시간이 얼마 남지 않았다고 생각하면 조급해져서 오히려 공부가 안 될 수도 있고, 아예 포기해 버릴 수도 있을 것 같다. 시간이 아직 있다고 생각하면 찬찬히 공부할 수 있을 것 같다.

02 저 들에 푸르른 솔잎을 보라

G·U·I·D·E 1998년 박세리가 US오픈 골프대회에서 18번 홀에서 샷을 성공시키고 우승하던 장면입니다.

1 할 수 있다는 자신감 / 꼭 해내고야 말겠다는 불굴의 의지

2 자신을 믿고 모든 일을 긍정적으로 생각한다.

03 아름다운 꼴찌의 조건

G·U·I·D·E 남극 탐험가 스콧과 스키선수 에디에 대한 이야기로, 한계에 도전하는 아름다운 꼴찌를 역설하고 있습니다.

1 최선을 다하는 데에 더 큰 의미가 있으므로 / 최고는 하나밖에 없는 것이므로 최고가 되기 위해 노력하는 다수의 사람들에게 용기를 주기 위해서

2 자랑스러울 것이다. / 1등을 못해도 떳떳할 것이다. / 최선을 다했기 때문에 더 아쉬울 수도 있을 것 같다.

04 생각을 바꾸면 세상이 바뀐다

1 생각의 차이 때문에 / 서로 처한 처지가 다르기 때문에 / 캐디가 긍정적인 사고를 하지 않아서

2 기분이 상쾌해지고 건강이 좋아졌다고 생각할 것이다.

3 하고 싶은 일을 할 때는 시간 가는 줄 모르고 즐겁게 했는데, 하기 싫은 일을 할 때는 시간도 안 가고 일의 능률도 오르지 않았다.

4 하기 싫었던 영어를 내 꿈인 가수가 되기

위해선 반드시 해야 할 일이라고 생각했더니 즐겁게 공부할 수 있었다.

신나는 논술
긍정적인 사고를 한다면?

G·U·I·D·E 긍정적인 사고가 일의 해결을 더 쉽게 함을 생각합니다.

긍정적인 사고가 인생을 바꾼다.

한 구두 회사에서 시장 개척을 위해서 직원 두 사람을 아프리카로 보냈습니다. 그 중 한 사람은 "아프리카 사람들은 신발을 신지 않습니다. 구두가 무엇이지도 모릅니다. 이곳에서 시장을 개척한다는 것은 불가능합니다."라는 소식을 전해왔고, 한 사람은 "아프리카에는 구두를 신은 사람이 한 사람도 없습니다. 이 곳에서의 시장 개척은 무한한 가능성을 가지고 있습니다."라는 소식을 전해왔다는 너무나 잘 알려진 이야기가 있습니다.

같은 상황을 보고 이렇게 다른 결론을 내리는 것은, 한 사람은 부정적으로 생각하고 다른 한 사람은 긍정적으로 생각한 차이에서 오는 것이지요. 부정적으로 생각한 사람은 구두 한 켤레 못 팔고 돌아올 것이고, 긍정적으로 생각한 사람은 지금도 구두를 팔고 있을지도 모를 일입니다.

어떤 상황에서든 긍정적으로 생각하면 해결책은 보입니다. 자신감과 잠재된 능력을 발휘할 수 있게 하는 힘, 더 잘 할 수 있다는 생각, 이 모든 것이 긍정적인 사고에서 비롯되는 것입니다.

공부를 할 때도 하기 싫다고 생각하면 능률도 오르지 않고 자꾸 불평만 늘어나게 됩니다. 그러나 공부가 나중에 내가 하고 싶은 일을 할 수 있는 밑바탕이 된다고 생각하면 어느새 재미있어지고 능률도 오릅니다. 그러면 성적도 자연스럽게 오르고 될 것이고, 나중에 정말 내가 하고 싶은 일을 할 수 있게 될 것입니다.

생각을 긍정적으로 바꾸면 사는 게 더 재미있어지고, 자신감도 생겨서 결국은 내 인생의 큰 도움이 될 것이라 확신합니다.

week 09 신통방통 서술형논술형
81쪽

국어 술술
01 감동이 머무는 곳

1 백성을 사랑하고 희망을 주는 원님
G·U·I·D·E 재상이 젊은 원님에게 하는 말을 통해 재상이 바라는 원님의 모습을 알 수 있습니다.

2 꿈을 갖고 미래를 준비하는 삶의 자세가 필요하다.
G·U·I·D·E 재상이 자신이 먹을 수 없을지도 모르는 배나무를 심는 모습을 통해 미래를 준비하는 자세가 필요함을 느낄 수 있고, 재상이 한 말을 통해 미래를 준비하는 삶의 자세의 필요성을 알 수 있다.

3 물에 빠져 허우적거리는 아이를 구하기 위해서
G·U·I·D·E 헤엄을 칠 줄 모르는 젊은이가 물에 빠진 아이를 구하기 위해 한 말입니다.

4 무엇보다 가장 중요한 것은 생명이다.
G·U·I·D·E "아무리 금덩이가 귀한들 사람 목숨에 비하겠습니까?"라는 젊은이의 말에 이 글의 주제가 담겨 있습니다.

5 • 배경 – 시간 : 토요일 오후
　　배경 : 집으로 돌아오는 길모퉁이
• 인물 : '나'
• 사건 : '나'는 아픈 새끼 고양이를 만났다.
G·U·I·D·E 이야기의 구성 요소인 인물, 배경, 사건을 중심으로 이야기의 내용을 간추리는 문제입니다. 구성 요소를 중심으로 이야기를 간추리면 이야기의 짜임을 알 수 있습니다.

6 새끼 고양이 이야기를 하면 당장 새끼 고양이를 데리러 가자고 할 거라고 예상하였다.
G·U·I·D·E '나'는 미나가 애완동물을 기르고 있기 때문에 새끼 고양이를 불쌍하게 여겨 당장 새끼 고양이를 데리러 가자고 할 줄 알았는데 '나'의 예상과 다른 반응을 보였습니다.

7 '나'의 기대와 달리 미나가 도와줄 마음이 없다는 것을 알고 화가 났다.

8 마음은 아프지만 행동할 용기가 없는 사람 / 마음만 앞서고 행동은 하지 못하는 사람
G·U·I·D·E 언니는 '나'가 가슴은 아파하면서도 행동으로 옮기지 못하는 모습을 보고 '죽은 휴머니스트'라는 말을 했습니다. 이것으로 보아 '죽은 휴머니스트'는 마음은 있지만 행동하지 못하는 사람을 가리키는 말임을 알 수 있습니다.

02 하나씩 배우며

1 시각 장애인이 한글 점자가 없어서 일본 점자를 배워야 하였으므로

G·U·I·D·E 박두성은 시각 장애인에게 일본어 점자를 가르치면서 우리말을 온전히 나타낼 수 있는 한글 점자가 없는 것을 안타까워하였습니다. 그래서 많은 노력을 기울여 '훈맹정음'을 만들었습니다.

2 박두성은 일제 강점기 때 시각 장애인에게 일본어 점자를 가르쳤다. <u>박두성은 한글 점자를 만들기로 결심하고 연구에 매달렸다.</u> <u>박두성은 '조선어 점자 연구위원회'를 만들어 연구하였다.</u> <u>박두성은 훈맹정음을 완성하였다.</u>

G·U·I·D·E 훈맹정음은 박두성 선생이 창안해 1926년 11월 4일 반포한 한글 점자로 중증 시각 장애인들이 지속적으로 지식을 익히기 위해서 꼭 익혀야 하는 문자입니다. 훈맹정음은 여러 차례의 수정을 거쳐 1998년 문화관광부의 '한국 점자 규정집'으로 정리돼 현재까지 사용되고 있습니다.

3 (가): 민속놀이 사전
(나): 인명사전
G·U·I·D·E 씨름에 대한 정보를 알고 싶을 때에는 민속놀이 사전을 찾으면 되고, 인물에 대하여 알고 싶을 때에는 인명사전을 찾으면 됩니다.

03 서로 다른 의견

1 요즈음 교실이 너무 지저분하기 때문에
G·U·I·D·E 제안자가 한 말을 통해 '깨끗한 교실 만들기'라는 의제를 제안한 까닭을 알 수 있습니다.

2 학급 회의 주제에 대하여 궁금한 점을 묻고, 장단점에 대하여 토의한다. 그리고 세부 실천 사항을 협의한다.
G·U·I·D·E 학급 회의는 '개회 → 국민의례 → 제안 설명 → 의제 토의 → 표결 → 결정 내용 발표 → 폐회' 순서로 진행됩니다. 이 절차 중 '의제 토의' 시간에는 회의 주제에 대하여 묻고, 장단점에 대하여 토의한 후 세부 실천 사항을 협의한다는 것을 ㉠을 통해 알 수 있습니다.

3

	의견	까닭
효은	댐 건설을 반대한다.	숲에 사는 동물들과 새들이 살 곳을 잃는다. / 상수리 마을 주민들이 고향을 떠나게 된다.
도청 아저씨	댐을 건설해야 한다.	• 여름철 폭우로 생기는 문제를 막을 수 있다. • 홍수로 인한 피해를 막을 수 있다.

4 글 (가)의 글쓴이의 의견이 적절하다고 생각한다. 왜냐하면 댐 건설로 인해 자연이 훼손되고 그 지역에 사는 사람들이 삶의 터전을 잃기 때문이다. / 글 (나)의 글쓴이의 의견이 적절하다고 생각한다. 왜냐하면 폭우나 홍수로 사람들의 생명이 위험할 수 있는데 댐 건설을 하면 그것을 막을 수 있기 때문이다.

사회 술술
01 경제 생활과 바람직한 선택

1 사람들의 무한한 욕망에 비해서 그 욕망을 충족시켜 주는 재화가 부족하기 때문이다. / 필요한 것은 많은

데 필요한 것을 얻는 데 필요한 자원과 돈은 한정되어 있기 때문이다.

G·U·I·D·E 사람들의 무한한 욕망에 비해서 그 욕망을 충족시켜 주는 재화나 서비스가 부족한 현상을 희소성이라고 합니다. 만약 자원과 돈이 풍족하다면 원하는 것을 풍족하게 생산할 수 있고 선택의 고민 없이 얻을 수 있습니다. 하지만 우리들은 자원과 돈이 한정되어 있어 선택의 문제에 부딪히게 됩니다.

2 환경을 덜 오염시키는가? / 환경 마크가 붙어 있는가?

G·U·I·D·E 곰곰이 어머니는 주방 세제를 구입할 때, 환경 마크가 있는 세제인지를 고려하였습니다. 이를 통해 곰곰이 어머니가 주방 세제를 구입할 때 '환경을 덜 오염시키는가?'를 고려하여 선택한다는 것을 알 수 있습니다.

3 • 지게꾼 : 옛날에는 물건을 운반하는 교통수단이 발달하지 않았지만 오늘날에는 교통수단이 발달하였기 때문에 사라졌다.
  • 보부상 : 옛날에는 시장이 발달하지 않아서 존재했지만 오늘날에는 시장이 발달하여 사라졌다.

G·U·I·D·E 옛날에는 교통수단이 발달하지 않았기 때문에 지게꾼이 필요했지만 오늘날에는 여러 가지 교통수단이 발달하여 물건을 운반하는 지게꾼이 사라지게 되었습니다. 그리고 시장이 발달하지 않아 물건을 구하기 힘들던 옛날에는 보부상이 많았지만 오늘날에는 시장이 발달하여 보부상이 사라지게 되었습니다.

지식통 : 생활이 편리해지고 기술이 발달하면서 생산 방법이 바뀌거나 생산하는 물건이 달라지기 때문에 옛날에 있었던 직업이 사라지는 경우가 많습니다.

4 사회 복지사, 요양 관리사, 요양시설거주자 평가사, 호흡치료사, 심혈관기사

G·U·I·D·E 우리의 사회가 점점 더 고령화 사회로 변화하면서 실버 산업과 관련된 직업이 늘어날 것입니다. 실버 산업의 유형에는 '홈 케어 서비스, 유료의 양로 및 요양 시설, 노인 전용의 의료서비스 산업, 노인을 대상으로 하는 관광·취미·오락 프로그램을 제공하는 사업, 노인 식품, 노인용 생활 용품의 제조 판매사업'이 있습니다.

5 • 근로 소득 : 회사에서 일을 해서 받은 월급.
  • 사업 소득 : 가게나 회사를 운영하여 번 돈.
  • 재산 소득 : 자신이 가진 재산을 이용하여 얻는 소득.

6 • (가) 가정과 (나) 가정의 차이점 : (가) 가정은 소득의 대부분을 소비하고 저축을 조금밖에 하지 않는 반면 (나) 가정은 소득의 $\frac{1}{3}$ 가량을 저축하여 미래를 대비한다.
  • (가) 가정의 문제점 : 소득의 대부분을 소비하고 저축을 많이 하지 않아 예상치 못한 일이 생겨서 급하게 많은 돈이 필요할 때 어려움을 겪을 수 있고, 미래에 하고 싶은 일을 할 수 없다.

G·U·I·D·E 두 가정의 소득의 쓰임새를 비교해 보고 (가) 가정은 소득의 대부분을 소비하고 저축을 하지 않아 미래를 대비하기 힘들고 (나) 가정은 소득을 소비와 저축으로 잘 분배하여 미래

를 대비하고 있다는 내용이 들어가 있으면 정답입니다. 예금을 해 놓으면 급할 때 쓸 수 있고 미래에 하고 싶은 것을 할 수 있습니다. 그리고 저축은 자기의 미래를 위해서 뿐만 아니라, 국가를 위해서도 필요합니다. 사람들이 은행에 예금을 하면 기업은 그 돈으로 생산을 하고 투자를 하게 됩니다. 투자가 활발해지면 일자리가 늘어나고, 경제도 활발하게 돌아갑니다.

02 여러 지역의 생활

1 촌락마다 자연환경이 달라 생산 활동이 다르기 때문에 발달한 산업도 다르다.
G·U·I·D·E 촌락은 주변의 환경과 사람들의 생활 모습에 따라 농촌, 어촌, 산지촌으로 구분되는데 촌락은 자연환경에 따라 넓은 평야가 많고 강이나 하천이 있는 농촌에서는 농업이 바다가 있는 어촌에서는 어업이, 울창한 숲으로 둘러싸여 있는 산지촌에서는 임업, 축산업, 광업 등이 발달하였습니다.

2 촌락이 예전에 비해 많이 발전하여서 농촌으로 이사 오는 귀농 인구가 증가하는 것입니다.
G·U·I·D·E 촌락은 점점 도로가 넓어지고 양옥집이 많아졌으며 도로가 넓어지고 교통도 좋아지고 있습니다. 이러한 촌락의 발전하는 모습이 사람들에게 많이 알려지면서 귀농인구가 증가하는 것입니다.

3 우리나라 도시들은 주로 큰 하천 주변의 평야와 해안에 발달해 있다.
G·U·I·D·E 지형도를 보면 산지가 발달한 동쪽보다는 평야가 발달한 남쪽과 서쪽에 도시가 주로 위치해 있다는 것을 알 수 있습니다. 우리나라 도시들은 평야, 하천, 해안 등의 자연환경과 산업, 교통 등의 인문 환경이 좋은 곳에 자리 잡고 발달하였습니다.

4 과거에 비해 도시의 수가 많이 증가하였다. / 교통과 산업이 발달한 수도권의 발달이 두드러진다.

과학 술술
01 식물의 세계

1 식물이 가진 독특한 생김새를 보고 이름이 붙여졌다.
G·U·I·D·E 세 식물은 모두 그 식물이 가진 독특한 생김새를 보고 이름이 붙여졌습니다.

2 잎이 줄기에 달린 모양에 따라 분류하였다.
G·U·I·D·E 잎을 분류할 때에는 잎의 생김새에 따라 분류할 수도 있고, 잎이 줄기에 달린 모양에 따라 분류할 수도 있는데, 표의 예들은 모두 잎이 줄기에 달린 모양에 따라 분류한 것입니다.

3 • 통꽃 : 꽃잎이 모두 붙어 있는 꽃.
 • 갈래꽃 : 꽃잎이 여러 갈래로 갈라져 있는 꽃.

4 씨가 바람에 날려 퍼지는 식물이다.
G·U·I·D·E 민들레, 단풍나무, 소나무는 씨가 바람에 날려 퍼지는 작은 씨를 만드는 식물입니다.

5 들에 사는 식물은 키가 작고 숲에 사는 식물은 키가 크다. / 들에 사는 식물은 아름다운 꽃이 피는 식물이 많고, 숲에

사는 식물은 열매를 얻거나 목재로 이용하는 식물이 많다.

G·U·I·D·E 들에는 키가 작은 풀이 많고 숲에는 키가 큰 나무가 많습니다. 들에 사는 식물은 대부분 1~2년생 풀이고 아름다운 꽃이 피는 식물이 많습니다. 숲에 사는 식물은 수십 년에서 수백 년 동안 계속 자라는 나무가 많고 열매를 얻거나 목재로 이용할 수 있습니다.

6 덥고 건조한 사막의 날씨에 견디기 위해 사막의 식물들은 이런 특징을 가지고 있는 것이다.

G·U·I·D·E 사막은 덥고 건조하며, 비가 잘 오지 않습니다. 이런 기후 조건에서 살아남기 위해 사막의 식물들은 이런 특징을 갖고 있는 것입니다.

02 지층과 화석

1 수평으로 쌓였던 지층이 지구 내부에서 여러 가지 힘을 받아 모양이 변하는 것이다.

G·U·I·D·E 지층은 아래에서부터 수평으로 쌓이는데 오랜 시간이 지나면서 지구 내부에서 여러 가지 힘을 받아 지층의 모양이 변하는 것입니다.

2 풀이 알갱이 사이의 공간을 채워 연결해 주고, 손으로 누르는 힘이 퇴적물 사이의 간격을 줄여 주어 단단해진 것이다.

G·U·I·D·E 패트병에 넣은 풀이 암석 알갱이 사이의 공간을 채워 연결을 해 주고, 손으로 누른 힘이 알갱이 사이의 공간을 줄여 다지는 작용을 해 주어 퇴적암이 단단해진 것입니다. 실제 퇴적암이 단단해지는 까닭은 강이나 바다에 풀과 같은 역할을 하는 물질이 녹아 있어 알갱이들이 서로 달라붙게 (교열 작용)하고 위에 쌓이는 퇴적물들이 아래에 있는 지층을 눌러 주는 역할 (다지는 작용)을 하기 때문입니다.

3 옛날에 살았던 동물의 모양과 특징을 알 수 있다. / 옛날에 살았던 식물의 모양과 특징을 알 수 있다. / 생물이 살았던 시기와 그 지역의 환경을 짐작해 볼 수 있다.

G·U·I·D·E 화석을 통해 옛날에 살았던 생물의 모양과 특징을 알 수 있고, 생물이 살았던 시기와 그 지역의 환경도 짐작할 수 있습니다.

4 물속의 지층이 지각 변동으로 땅 위로 솟아올랐기 때문에 조개 화석이 높은 산에서 발견되는 것이다.

G·U·I·D·E 물속의 지층이 지각 변동으로 땅 위로 솟아오르면 물속에서 살았던 생물의 화석이 높은 산 위에서 발견됩니다.